AF391188

1506

33219²²

Hotel-Dieu de Pontoise

33.219²²

Page 70 l. 6 / les habitans de pontoise
tiennent sainct doubte le premier erru?/
Ce sont les perpetuelles irreconciliables
ennemis de lhospital & ceulx qui /         Et plus
par ibid / Cest pour eulx que benediction
que de piller lhospital

P. 71 lin. derniere / les directeurs les Constitue?
des religieux des cures des prestres &c

P. 76 Cest sur cette maudicte disposition introduicte
introduicte que les habitans de pontoise que les
directeurs ont travaillé

P. 109 per. l. 12 quelques habitans s'emparerent
de ladministration de lhospital / et l'on n'a
ces hoc malheureux ne forme la que pour
saccager le bien de lhospital

[illegible] [illegible] [illegible]

[illegible] [illegible] [illegible] [illegible]
[illegible] ferm [illegible]

[illegible] [illegible] [illegible] reoptant dor Nos
[illegible] taipan [illegible]

[illegible] [illegible] [illegible]
[illegible] ix Con[illegible]

[illegible] ex cons perseguo quam
[illegible]

[illegible] [illegible] [illegible]
[illegible] ix Ranfe [illegible]

Moy

p. 7i cossarui a droit du Roy double, reduit
de 4 sevi bled et ne payt poine / car payso
sire dibter coste voota contresum aux
prestaunteules de sa chaufe / &

et en la fin ne chdoches plus le profeteurs
de la cabali / c sem metr lie cossash
coste cer pas Roy qui payt si bien sui
vanlhe / c som ele rapile fui coffini
cise toutes sa partuit

# RESPONSE

## POVR DAME

## IEANNE DE GVENEGAVD,

PRIEVRE DV PRIEVRE' DE S. NICOLAS
de l'Hoſtel-Dieu de Pontoiſe, Ordre de S. Auguſtin, de la fondation de S. Louïs.

## AV LIBELLE INTITVLE'

*Plainte des Pauvres de l'Hoſtel-Dieu de Pontoiſe,*
*& de la plus grande partie des Religieuſes*
*Hoſpitalieres du meſme lieu.*

# RESPONSE

POVR DAME IEANNE DE GVENEGAVD,
Prieure du Prieuré de S. Nicolas de l'Hoftel-Dieu de Pontoife, Ordre de S. Au-
guftin, de la fondation de S. Louïs.

## AV LIBELLE INTITVLE',

*Plainte des Pauvres de l'Hoftel-Dieu de
Pontoife, & de la plus grande partie
des Religieufes Hofpitalieres
du mefme lieu.*

QVAND je confidere l'eftat deplorable
de l'Hoftel-Dieu de Pontoife, & cét
Efprit de rebellion qui regne avec tant
d'audace dans ce lieu facré ; je recon-
nois qu'en quittant le monde, on ne quitte le
plus fouvent ny les erreurs, ny les folles paffions
du monde. Il eft pourtant bien eftrange, que
des Vierges confacrées à IESVS CHRIST, qui ont
fait vœu d'obeïffance, & qui l'ont fait à la face
des Autels, triomphent de leur revolte, comme
fi ce Dieu qui fut le tefmoin de leurs fermens
n'avoit plus ny d'yeux pour les voir, ny de bras
pour les punir. Madame de Guenegaud qui voit

le feu dans ſa bergerie, qui voit la pluſpart de ſes oüailles comme perduës, implore en vain le ſecours d'enhaut ; la voix de ſes larmes & de ſes gemiſſemens n'a pû parvenir encore juſques au Thrône du divin Pere des miſericordes. Cependant on la diffame & au dedans & au dehors ; il n'y a rien dans toute ſa vie que l'Impoſture n'infecte de ſon haleine ; ce n'eſt plus dans les Cellules, ou dans les Parlouërs qu'on la deſchire ; c'eſt dans Paris, c'eſt dans le Louvre, c'eſt dans tout le Royaume, qu'on ſeme d'outrageux libelles pour la noircir. Si toutefois il eſtoit en ſa liberté de ſuivre les mouvemens de ſa tendreſſe, elle ſe contenteroit pour toute vengeance de pleurer au pié de la Croix l'endurciſſement de ſes Filles, & l'infortune de ſa Maiſon. Mais en la place où le Ciel l'a miſe, le Ciel luy demande [a] autre choſe que des pleurs. Souffrir plus long-temps vn ſcandale ſi monſtrueux, ce ſeroit trahir ſon innocence & ſon miniſtere ; il faut enfin lever le voile, & faire voir à toute la France, ou pluſtoſt à toute l'Egliſe, l'emportement malheureux de quinze ou vingt Religieuſes, qui ont, ce ſemble, oublié tout ce qu'elles doivent & à leur ſexe, & à leur profeſſion.

Or pour venir au differend des parties, on verra dans la ſuite de ce diſcours les cauſes ſe-

[a] Veritas cùm minimè defenſatur opprimitur, negligere, cùm poſſis deturbare perverſos, nil aliud eſt quàm fovere. *Diſtinct.*83.*Can.*3.

cretes d'vne revolte si scandaleuse. Il faut maintenant expliquer au vray quel a esté le commencement de tant de troubles. Et nous protestons
d'abord, que nous ne dirons rien icy qui ne soit
justifié par le tesmoignage de toute la Communauté, & par des tesmoins, ou par des titres dont la foy ne peut estre contestée. Madame Dampont se voyant infirme & sur l'âge,
se resolut de prendre vne Coadjutrice, qui pust
en cas de necessité, partager avec elle vn fardeau dont elle estoit comme accablée. Dans
cette sainte resolution cette sage fille jetta les
yeux sur Madame de Guenegaud ; le Roy fit
l'honneur à l'vne & à l'autre d'agreer ce choix :
on envoye en Cour de Rome, sur la nomination
de sa Majesté, on obtient des Bulles, voilà Madame de Guenegaud Coadjutrice. Ce coup fut
vne grande mortification pour sept ou huit Religieuses de l'Hospital ; soit qu'elles se creussent
seules dignes de cette place, ou plustost que l'e-
sprit d'orgueil s'irrite de tout ce qu'on fait, & de
tout ce qu'on ne fait pas; tant y a que de ce moment elles ne purent s'empescher d'en tesmoigner
leur douleur, & jusques-là qu'vne d'entre-elles en
a de rage miserablement perdu la raison. Cependant il fallut plier, Madame Dampont au dedans, au dehors le Pape & le Roy, estoient des
Puissances qu'on ne pouvoit ni combatre ni sur-
monter.                    A iij

Mais comme il importe de faire connoiſtre quel eſt l'eſprit de ces ſept ou huit Religieuſes, qui ont en effet perverti toutes les autres; il eſt icy à propos de raconter vne action de frenetique, que fit l'vne d'elles, le jour que Madame de Guenegaud fut receuë Coadjutrice. Il eſt de l'ordre en ces rencontres de lire les Bulles de la Prieure, & de la Coadjutrice; elles eſtoient donc toutes preſtes ſur la table de feu Madame Dampont, quand Sœur Marguerite du Val de S. Ignace, penſant prendre les Proviſions de Madame la Coadjutrice, prend celles de Madame la Prieure, & les va jetter dans vn lieu ſi ſale, ſi infect, qu'on n'oſe preſque le nommer. La Ceremonie commence, on vient aux Bulles, mais on trouve à dire celles de Madame la Prieure. Voilà vn grand trouble dans le Chapitre : le ſoupçon tombe auſſi-toſt ſur la coupable; on l'interroge, elle nie; mais enfin preſſée de ſa conſcience, & jugeant bien qu'il ſe trouveroit des teſmoins pour la convaincre, elle confeſſe ſon emportement, elle en demande pardon. La faute meritoit ſans doute vn chaſtiment exemplaire; Enfin pourtant la nouvelle Coadjutrice obtint ſa grace.

Le temps a fait voir que ſes Compagnes n'avoient pas moins d'amertume dans le cœur. Et certainement à conſiderer l'ambition effrenée dont elles bruſlent , & les vnes & les autres ; les troubles dont l'Hoſpital eſt maintenant agité, eſtoient en effet inevitables. Trois ans ſe paſſent ou environ dans vne tranquilité apparente. L'au-torité , l'âge de feu Madame Dampont les re-tenoit dans le devoir ; mais à peine cette ſainte Fille eut-elle les yeux fermez , qu'elles croyent que pour elles il n'y a plus ny de Superieure , ny de regle , ny de vœux ; ce ne ſont que mutine-ries , que ſcandales , que deſobeïſſances toutes ouvertes.

Madame de Guenegaud à cét abord diſſimula beaucoup de choſes ; elle fit aux vnes des remon-trances & aux autres des careſſes ; elle ſe ſervit de la voix & des perſuaſions des plus ancien-nes & des plus conſiderables Religieuſes de la Maiſon ; elle mit en œuvre tout ce que la cha-rité , tout ce qu'vne ardente amour de la paix pût luy inſpirer ; mais en vain. Cette bonté qui luy eſt ſi naturelle, on la prend pour crainte ; on oſe luy reſiſter meſme en face ; Mais que dis-je ? Sœur Anne Paſquier de Sainte Thereſe , qui eſtoit alors comme le chef de ces miſerables, oſe lever outrageuſement la main ſur elle. Voilà ſans doute vn attentat bien execrable. Auſſi-toſt que feu Monſieur l'Archeveſque de Rouën en euſt advis, il commet Monſieur l'Abbé de Lalane pour en connoiſtre , & pour connoiſtre au meſme temps de toutes les inſolences d'vne cabale ſi pernicieuſe. On informe, le procés s'inſtruit par recollement & par confrontation. Ie ne dis rien de l'infraction de toutes les obſervances regulieres ; je ne dis rien des Communions ſacrileges, des irreverences, des meſpris, & de tant d'injures ſi atroces, dont les Informations ſont toutes pleines. Mais il y a preuve par les charges, de menaces abominables de tuër, d'empoiſonner la Superieure, de faire aſſommer de coups de baſton ceux-cy, ou ceux-là, & entre autres vn Religieux. Enfin par Sentence Sœur Anne Paſquier de Sainte Thereſe, pour avoir battu, outragé, traitté injurieuſement la Superieure, eſt privée pour vn temps de voix active & paſſive: le voile luy eſt oſté : elle eſt condamnée à demander pardon à Madame la Prieure, & à toute la Communauté : à trois ans de priſon, & autres peines. On fit auſſi le proces à Sœur Gabriele d'Amours de Saint Ioſeph ; mais comme elle eſt maintenant devant Dieu, on eſpargne ſa memoire. Il y avoit cinq ou ſix autres Religieuſes chargées par les Informations, & entre elles deux ou trois qui ſont aujourd'huy dans la faction des Revoltées ; mais par je ne ſçay quelle condeſcendance on ſe contenta de chaſtier les plus coupables.

Ce grand exemple arreſta bien l'inſolence de

ces

ces Filles malheureuſes, mais il ne leur changea
point le cœur. Depuis ce temps, à la verité, la
crainte des peines leur donna de la retenuë; elles
ne travaillent plus que ſourdement, & avec toute la prudence des enfans du Siecle. Que ſi on demande quelle eſt leur penſée, quel eſt leur deſſein;
il n'eſt autre que de couvrir leur Superieure de
confuſion & d'opprobre, & de deſtruire, s'il en eſt
beſoin, meſmes leur Maiſon, pour perdre ce
grand objet de leur haine. Ce deſſein ſans doute
eſt abominable. Ie voy pourtant des Religieux
de trois ou quatre differens Ordres, des Curez,
des Preſtres, des Docteurs en Theologie, des
Officiers de Iuſtice; Ie voy meſme des Magi-
ſtrats, & des premieres Compagnies du Royaume, qui favoriſent, pour ne rien dire de plus
odieux, vn attentat ſi horrible. Nous deſmeſle-
rons ailleurs tous les divers intereſts des vns &
des autres; on y verra meſme quelque eſtincelle
de ce feu, qui depuis quelques années s'eſt allumé dans l'Egliſe, & que ſur tout la cocquetterie
des Parlouërs a fait à Madame de Guenegaud la
pluſpart des ennemis dont elle eſt ſi cruellement
attaquée.

Cependant Madame de Guenegaud, qui
voyoit la diſcipline reſtablie pour le moins en
apparence au dedans de ſa Maiſon, ſe propoſe
de reſtablir le dehors. Tout y eſtoit dans vn ef-

B

froyable deſordre, les voûtes de l'Egliſe cre-
voient, il pleuvoit par tout dans les Salles des
malades, dans l'Infirmerie, dans les Dortoirs,
& tout le reſte des baſtimens, & de l'Hoſpital &
des Fermes de la campagne ; n'eſtoient pas en
meilleur eſtat. Madame Dampont avec toute
ſon œconomie, n'avoit pû reparer les breſches
de ſes devancieres, ny ſes devancieres les ravages
de ces bons Adminiſtrateurs, dont il ſera tantoſt parlé. La Maiſon eſtoit endettée ; tous les
droits que Sainct Louïs en la fondant luy avoit
autrefois donnez, tant ſur les marchandiſes qui
paſſent ou qui repaſſent par les portes, ou ſous
les ponts de Pontoiſe, que ſur les denrées qui ſe
debitent ou dans les foires, ou dans les mar-
chez, tous ces beaux droits ne ſe levoient plus
pour la pluſpart. La negligence ou la malice des
Fermiers de ces droits, les artifices des Marchands avoient tout mis en confuſion. D'vn autre coſté les principaux Officiers ou habitans de
la Ville avoient vſurpé impunément vne partie
du bien des Pauvres. On ne pouvoit ny reſtablir
tous ces droits, ny retirer tout ce bien ſans de
grands proces, ſans ſe mettre ſur les bras de dan-
gereux ennemis : & pour comble de miſere,
l'Hoſtel-Dieu eſt ſans argent & ſans credit. Au
milieu de tout ce débris, parmi tant d'obſtacles,
vne Fille toute ſeule, pleine ſans doute de l'eſprit

de Dieu, releve toutes ces ruïnes, & rend à cette Maison defolée, quelque chofe mefme de plus que fon ancienne beauté.

Nous dirons tantoft tout le detail d'vne œconomie fi fainéte & fi belle. Mais pour reprendre l'hiftoire des troubles dont l'Hofpital eft maintenant agité: Sœur Gabriele d'Amours de Sainét Iofeph, & les autres cheres Amies de Sœur Anne de Sainéte Therefe, n'attendoient que l'occafion de brouïller, quand Madame Dorat, Religieufe de Lonchamp, qui eftoit alors à Paris chez fes parens, defira de voir fa fœur. Elle en demande la permiffion à Madame de Guenegaud, qui eftoit auffi à Paris en ce temps-là, à la pourfuite d'vn grand proces. Madame de Guenegaud qui ne fçait pas que cette rencontre, que cette vifite va luy ofter tout le repos de fa vie, luy accorde ce qu'elle defire. La voilà dans l'Hofpital. Vne Fille de dehors, qui n'eft dans vne Maifon que pour quelques jours, eft prefque maiftreffe de fes actions : on fouffre mefme beaucoup de chofes à fes parentes & à fes amies. La nouvelle hofteffe fe fert fort bien de ce privilege, les Parlouërs depuis le matin jufques à la nuit, & bien avant, font tousjours pleins, & les grilles tousjours parécs. Les Sœurs Marie Dorat de Sainéte Aldegonde, Renée Dorat de Sainét Alexis, Marie Barbere de Sainét Iacques, Barbe

Langlois de l'Aſſomption, & les autres Confidentes triomphent là comme les Filles de Ieruſalem
dans le Prophete. Vn certain Abbé & autres
gens, viennent y briller. Les vns ou les autres
donnent ordre à la fricaſſée; on y rit, on y boit
& on y mange comme ailleurs; les fleurettes, les
doux propos ſont l'aſſaiſonnement du banquet;
c'eſt là que les Nimphes eſtallent leur bel eſprit,
& font voir par leurs reparties qu'elles ſçavent
autre choſe que chanter Veſpres. Si quelquefois
les Chevaliers tardent à venir, on monte ſur vne
terraſſe, qui n'eſt pas dans la Maiſon pour cét
vſage. Là en plein jour on appelle de la main
ceux-cy ou ceux-là qui paſſent; là on jouë, on
rit, on follaſtre à la veuë de toute vne Ville, &
tout cela cavalierement, & avec bien de l'eſclat
& bien du bruit. Il eſt aiſé de juger que les Vierges de l'Evangile ne s'accommodoient pas de
cette vie. On en donne avis à Madame la Superieure; on luy donne avis que toute la diſcipline de l'Hoſpital s'en va perduë, ſi bien-toſt
on n'en eſloigne la cauſe de tant de deſordres.
Ces nouvelles malheureuſes luy donnerent de
mortelles inquietudes: Elle ne delibera point ſur
ſon devoir, mais deſlors elle vit venir l'orage.
Elle connoiſſoit l'humeur altiere de Sœur Renée
Dorat de Sainct Alexis. Elle ſçavoit que depuis
bien des années elle eſtoit ſecretement, & dans

Elevatæ ſunt filiæ
Ieruſalem, & am-
bulaverunt exten-
to collo, &c.
Iſa. cap. 3. v. 6.

son cœur de cette ancienne caballe des Sœurs
de Saincte Therese, & de Sainct Ioseph. Elle
estoit au fort de la sollicitation de son proces, elle ne pouvoit quitter Paris; elle escrit donc à la
Souf-Prieure, & luy donne ordre de descharger
la Maison de ce fardeau, mais avec discretion,
& s'il est possible, sans scandaliser, ny fascher
personne. Cela se fit, mais non pas si adroite-
ment que les trois Sœurs ne s'apperceussent de
la verité.

Ainsi cette Hostesse de si grand bruit, apres
deux mois de sejour, sortit enfin de l'Hospital;
mais l'esprit de libertinage qu'elle y porta, n'en
sortit pas avec elle. Cette separation fut cruelle pour les deux Sœurs : Mais Sœur Renée de
Sainct Alexis en conceut vn tel despit, qu'ou-
bliant toute l'amitié, toute la tendresse dont
Madame de Guenegaud luy avoit donné tant de
tesmoignages, elle entre, elle & toute sa suite se-
ditieuse dans la faction de Sœur Anne de Saincte
Therese, où son audace, où l'appuy d'vn frere &
d'vn beau-frere qu'elle a dans le Parlement, luy
donnent bien-tost la premiere place. La voilà
donc à la teste des revoltées. Ce nouveau ren-
fort à la verité leur releva le courage; mais leur
nombre estoit encore petit, il le faut grossir, &
se rendre par cette voye les arbitres des deliberations, de l'œconomie, & de toute la conduite

de l'Hofpital. Pour vn deffein fi abominable on met tout en œuvre. On refpand dans les Cellules le venin de la difcorde & de la rebellion. La Superieure ne fait rien qu'on ne condamne; fes plus innocentes actions on les noircit; ce ne font que fanglantes railleries, que mefpris pleins d'amertume; on exagere les plus petits mefcontentemens; vne parole de correction ou de remonftrance charitable, eft vne injure, vn outrage: on feme par tout & de fauffes craintes & de vaines efperances. C'eft par ces damnables menées, que ces Filles malheureufes ont fuborné la plufpart de leurs Compagnes, & allumé, s'il faut ainfi dire, ce funefte embrazement qui menace d'vne entiere defolation l'ouvrage d'vn grand Monarque & d'vn grand Saint.

Mais ce n'eft pas encore affez, la profperité de l'Hofpital leur eft odieufe, elles voyent avec douleur l'Eglife, les Salles, les Dortoirs, toute la Maifon heureufement reftablie, les Pauvres rentrez en partie, & dans leurs droits & dans leur bien, tous ces monumens illuftres de la pieté de leur Mere fpirituelle, leur rongent, leur defchirent les entrailles. Pour foulager en quelque forte leur efprit malade, voicy le remede dont elles s'avifent, & je croirois bien qu'vn deffein fi digne des Efpoufes de IESVS CHRIST, ne fe fit pas fans confulter ces Reverends Peres, ces Curez , ces Preftres , ces Docteurs , & tous ces hommes de Dieu qui compofent le confeil de la cabale. L'Hofpital n'a que tres-peu de revenu pour fournir à toutes ces grandes defpenfes dont il eft chargé; tellement qu'il ne fubfifte en effet que des dotes des Religieufes , & de ce peu qu'on mefnage fur ce qu'on tire des Penfionnaires. Sœur Renée de Sainct Alexis & fes cheres Confidentes , n'ont point trouvé d'expedient plus honnefte pour fe venger, que de tarir ou de couper ces deux fources. On travaille donc & au dedans & au dehors à cét ouvrage d'iniquité. On defbauche Penfionnaires, Poftulantes, & Novices. On fait peur à leurs parens des divifions & des fcandales de la Maifon. On n'oublie pas la Superieure, & ces beaux eloges qu'on luy donne dans le libelle. Les bons Peres, ce fainct Docteur, & les autres Protecteurs des Revoltées, ne s'efpargnent pas pour vne œuvre fi Chreftienne.

Iufques icy on gardoit quelques mefures, toutes ces intrigues feditieufes fe faifoient bien ; mais apres tout, elles fe faifoient couvertement , & du moins on fauvoit les apparences. L'exemple de Sœur Anne de Saincte Therefe, chaftiée à la face de toute la Communauté , leur donnoit de la terreur: mais à la vefture de Sœur Ifabelle de Seve de Saincte Placide, elles ne purent cacher

leur despit, ou pluftoft leur rage. Cette faincte
Fille eft niepce de Madame la Superieure ; elle
apportoit en argent ou en meubles douze mille
efcus à l'Hofpital, & toute la protection qu'on
peut attendre d'vne famille fi puiffante. Elle
avoit avec elle vne fervante qu'elle aime, & qui
d'ailleurs eft fa fœur de laict, elle defira de la con-
ferver aupres d'elle : il n'y a point de Convent
dans le Royaume qui ne l'euft receuë, & à bras
ouverts à cette condition. Cependant cette dote fi avantageufe, ce grand appuy de tant d'hommes de qualité, la joye de Madame de Guenegaud dans vne fefte fi heureufe, donne aux rebelles de mortels chagrins. De s'attaquer à la
Novice, on ne pouvoit. Il faut chicaner au moins
la fervante : elles s'efcrient donc que c'eft vne
chofe inouïe, qu'elles ne fouffriront point cette
nouveauté, & cela avec tant d'irreverence & de
tumulte, que Monfieur de Seve épouvanté d'vn
emportement fi fcandaleux, dit tout haut, que fi
la Novice eftoit fa fille, comme elle eftoit fa
niepce, il ne la laifferoit point dans vn lieu où il
voyoit tant d'ingratitude & tant de mefintelligence. Cette parole fut fans doute la feule fatis-
faction qu'il y euft pour les Revoltées dans toute
la ceremonie. Elles ont penfé qu'vn homme fi
bien informé de leur audace & de leur rebellion, ne manqueroit pas de les fervir fans y

penfer

penfer en defcriant leur Maifon.

Depuis ce temps les Revoltées leverent le mafque, leur nombre, la protection de leurs parens, l'authorité de leur confeil leur donna de la hardieffe. Il ne s'eft plus prefenté de Filles qu'elles n'ayent fait tous leurs efforts pour les faire refufer, apres avoir inutilement tenté de les pervertir. C'eft la maniere dont elles en vfent : on laiffe entrer vne Fille, on la reçoit à la vefture, auffi-toft on la cajolle, on la tourne pour la mettre dans *le parti vertueux;* ce font les termes: fi cela ne reüffit, on travaille à la defgoufter de la Maifon. Pour l'vn ou pour l'autre de ces deffeins, on n'efpargne ny mefdifances, ny fourbes, ny faux rapports : on ne refpecte ny la Prieure, ny les Meres anciennes. Si tous ces efforts, toutes ces machines n'operent rien, on fe referve au Scrutin de profeffion pour la chaffer avec injure; pour ravir à la Maifon & à la Superieure tout le fruit qu'on en peut attendre. Ce fut dans cette penfée que douze d'entre elles firent cabale pour exclure Sœur Anne du Puyvert de St Raphaël, & voulurent l'emporter fur 22. qui la recevoient.

Sœur Gilette Langevin des Anges vint en fuite. Et dautant que c'eft icy en quelque forte que le proces dont il s'agit a commencé ; il eft à propos de rapporter exactement tout le deftail de cette affaire. Sœur Gilette Lan-

C

gevin des Anges, âgée alors de trente-quatre ans, n'avoit à la verité que peu de bien, mais elle avoit beaucoup d'induſtrie, & vne grande vocation. Il y avoit plus de cinq ans qu'elle demandoit les larmes aux yeux, qu'il luy fuſt permis de ſe conſacrer à Dieu, & au ſervice des Pauvres. Cette ſaincte perſeverance fit compaſſion à Madame de Guenegaud; elle creût qu'il y auroit de la dureté, que peut-eſtre ce ſeroit combatre les ordres de la Providence que de rebuter vne Fille pleine de vertu, & que Dieu tout viſiblement luy amenoit à ſa porte. La voilà donc dans l'Hoſpital; elle prend l'habit ſans que perſonne y trouve à redire; elle fait ſon noviciat avec toute la ferveur poſſible; on aſſemble la Communauté pour regler ſa Profeſſion; les Revoltées vont toutes porter leur ſuffrage, mais la pluſpart ne mettent rien dans la boüeſte; on vient pour examiner le Scrutin, on trouve dix ou douze voix à dire. Madame la Superieure, les Diſcrettes, les Anciennes, s'eſcrient, tandis que les Revoltées ſoufrioient entre elles. Cependant que faire? l'impudence eſt toute viſible, on voit bien en general qui l'a faite, mais on ne ſçait en particulier à qui s'en prendre.

Mad. de Guenegaud rompt le Chapitre, laiſſe dormir la cabale ſur ſon triomphe, & à quelque temps delà aſſemble dans le grand Parlouër les

Meres Difcrettes, les Anciennes, & le Pere Con-
feffeur. Le fcandale de cét infolent Scrutin eftoit
tout public, on delibere fur les remedes ; enfin
par l'avis de la Compagnie, Mad. la Superieure
appelle toutes les Religieufes les vnes apres les
autres, & leur demande fi elles ont quelque jufte
caufe pour exclure l'Afpirante.   Ce trait de prudence furprit fort les Revoltées , elles croyoient
le coup fait, & fans reffource : le temps fut fi
court, qu'elles n'avoient pû concerter entre-elles quelque impofture pour couvrir leur miferab-
ble conduite ; ainfi les voilà muëttes, elles n'ont
ny pretexte ny couleur pour appuyer vn refus fi
injurieux.   Cecy fe paffoit le 28. May 1661.  Madame de Guenegaud qui voit donc que toute
cette malice n'eft qu'vn complot formé contre
elle, contre l'honneur du Convent , contre l'E-
fprit Sainct, qui appelloit vne Fille fi vertueufe ,
fans s'arrefter à ce Scrutin criminel, reçoit l'A-
fpirante , & le 2. de Iuin enfuivant , luy fait
faire Profeffion. Mais au milieu d'vne fi faincte
Ceremonie , douze d'entre les Rebelles fortent
du Chœur fcandaleufement & en tumulte ; le
chant ceffe tout à coup ; le refte des Religieufes,
le Preftre qui officie demeure interdit ; tout eft
en trouble. Madame la Superieure vid bien toutes ces irreverences avec douleur ; mais le Ciel
en cette rencontre benit ces fainctes intentions:

La tempeſte ne l'eſtonna point , l'Aſpirante fit ſes Vœux , & toute la Ceremonie fut heureuſement achevée.

Cependant Madame de Guenegaud , qui jugeoit bien que pour reprimer l'inſolence des Revoltées , elle avoit beſoin d'vne authorité plus puiſſante que la ſienne , s'adreſſe à ſon Pere ſpirituel , à ſon Paſteur ; elle luy deſcouvre l'eſtat miſerable de l'Hoſpital , & le ſupplie d'en prendre compaſſion. Mr l'Archeveſque de Rouën vient , fait ſa viſite , il entre dans le Chapitre , reçoit les plaintes de la Mere Superieure , & de toutes les Religieuſes les vnes apres les autres ; il les exhorte à la paix , à la concorde : & pour couper la racine de tous ces ſcandales , il ordonne que *la reception des Filles ſe fera de l'avis & agrément de la Communauté : en ſorte neantmoins que s'il arrive que la Communauté vienne à s'oppoſer ſans fondement legitime , & tel qu'il eſt porté dans les Conſtitutions , à ladite reception ; il ſera permis à la Mere Superieure de paſſer outre , tant à la veſture des Filles , qu'à la Profeſſion des Novices. Il abolit l'vſage des poix & des feves. Il veut que chacune des Religieuſes porte ſon ſuffrage particulier à la Mere Prieure , afin de pouvoir examiner particulierement avec elle les raiſons de la reception , ou du refus. Il declare bonne & canonique la reception de Sœur Gilette Langevin.* Cette Ordonnance en forme de charte , qui eſt du 20. de Iuillet 1661. contient dix articles , & regle encore beaucoup d'autres chofes qui regardent la difcipline reguliere de la Maifon.

L'authorité d'vn fi grand Prelat arrefta bien pour vn temps la violence du mal , mais elle ne pût le guerir. L'amour du libertinage, le defpit de tant de mauvais fucces, envenimoit de jour à autre les efprits ; mais voicy vn nouveau fujet d'aigreur. Madame la Superieure qui voit que la licence des Parlouërs eft prefque la feule caufe de tous les defordres, commença à fe rendre plus difficile pour les congez de la Grille. On en efloigna autant qu'on pût toutes les perfonnes ou fufpectes , ou dangereufes; ces longues converfations qui emportoient bien fouvent des aprefdifnées toutes entieres , furent retranchées ou reduites aux termes de la raifon. Les heures des Directeurs & des Confeffeurs furent reglées. Les lettres ny les meffages n'alloient ny ne venoient plus fi commodement. On veilloit fur les avenuës, & au dedans & au dehors.

Ces nouveaux ordres mirent en fureur les Revoltées, & tout le confeil de la cabale. Mais d'efclater fur vne reformation fi jufte, c'eftoit prendre vn mauvais pofte. On attend donc vne occafion plus favorable. Elle fe prefenta bien-toft. Sœur Marguerite Felix de Halot de St Roch, avoit pris l'habit du confentement de toute la Communauté, son noviciat s'en alloit fini, quand le 28. de May dernier, Madame la Superieure en l'assemblée du Chapitre la proposa pour estre receuë à faire sa profession. Les Revoltées aussi-tost declarent qu'elles veulent bien donner leurs suffrages avec *les poix & les feves;* mais elles refusent de le porter à la maniere prescrite par la charte de leur Archevesque. Les prieres, les remonstrances furent inutiles; tellement que Madame la Superieure prend les voix des Meres Discrettes, & des autres Religieuses, & par leur avis reçoit l'Aspirante.

Aussi-tost elle avertit son Pasteur du peu de respect que les Rebelles ont pour les Loix qu'il a si sainctement establies; il luy fait response, & par sa lettre, qu'il luy commande de lire en pleine Communauté, *Il luy permet de declarer privées de voix active & passive, celles qui auront agi au prejudice de ses reglemens, & de recevoir les Novices apres avoir pris les avis de celles qui demeureront dans l'ordre qui a esté prescrit.* Cette lettre qui est du 11. Iuin est donc leuë en plein Chapitre. Elle est pleine de sages instructions & de charitables reprimendes; mais ce n'est plus la voix saincte de leur Pasteur qu'elles escoutent. On ne parle plus entre-elles que d'oppositions, que d'exploits, que d'appellations comme d'abus; Elles n'entretiennent les Pensionnaires, les Novices & les jeunes Religieuſes, que d'hiſtoires de Superieures degradées, miſes en priſon, interdites, empoiſonnées.

D'vn autre coſté le conſeil de la cabale ne s'endormoit pas. On fait ſigner à vingt Religieuſes vne procuration, ou pour mieux parler vne ligue criminelle, & cela par des pratiques qui font horreur. En ſuite on s'oppoſe ſous leur nom à la Profeſſion de Sœur Felix de Sainct Roch; l'acte & l'exploict de ſignification ſont du 18. d'Aouſt. Au meſme temps on publie cent extravagances dans la Ville; que l'Hoſpital eſt tout en feu; qu'on eſt tout preſt de s'y battre; qu'on va depoſer la Superieure, qu'on couvre d'ailleurs & de maledictions & d'opprobres. Ce n'eſt pas tout, & tandis que dans la Maiſon vne nouvelle Profeſſe gagnée par la faction, s'efforce de ſuborner la Novice, on eſt icy aux oreilles de ſes parens; on leur fait vne peinture tragique de tous ces deſordres. Au milieu de tant de Religions à choiſir, c'eſt, dit-on, vne raillerie que de mettre vne jeune fille dans vn Convent dont la cheute eſt inevitable; dans vn Convent où la Prieure eſt vn bourreau, où la Prieure diſſipe tout, & conſume ſcandaleuſement en meubles, en baſtimens, en feſtins, la ſubſtance & le pain des Pauvres.

Cependant Madame de Guenegaud relevoit

à peine d'vne grande maladie, quand elle apprend toutes ces menées, & que l'ennemi travaille au dedans & au dehors, pour arracher de son champ vne jeune plante qu'elle avoit si heureusement eslevée. La fragilité d'vn enfant, la tendresse de parens mal informez, & que tant de vaines terreurs pouvoient esbranler, luy donnerent de mortelles inquietudes. Elle creût donc dans vn danger si pressant, qu'elle devoit se servir de l'ordre de son Archevesque ; que les heures, que les momens estoient precieux, & que ce seroit en quelque sorte tenter Dieu que de differer plus long-temps. Ainsi le premier jour de Septembre, malgré toutes les oppositions & toute la resistance des Rebelles, la Novice fait ses vœux, elle fait sa profession.

Il est aisé de juger par la disposition des esprits, que cette Ceremonie ne se fit pas sans tumulte. Les Revoltées accourent en foule à la Grille sur le point que la Novice qui venoit de faire ses vœux, alloit recevoir la Saincte Hostie; elles tirent de violence le rideau, elles s'escrient, elles appellent le peuple qui est dans l'Eglise, & le prennent à tesmoin, & tout cela avec vn emportement qui fait horreur à le lire. La presence du precieux Corps de IESVS CHRIST, ce Mystere qui fait trembler mesme les Demons, ne peut arrester la fureur de ces insensées. Au

fortir

fortir delà , on reclame de part & d'autre M<sup>r</sup>
l'Archevefque. Madame la Superieure fe plaint
de la defobeïffance de fes Filles; fes Filles fe plaignent de l'oppreffion qu'elles fouffrent , luy demandent mefme vne vifite reguliere , comme
l'vnique remede de tant de maux. M<sup>r</sup> l'Archevefque depute pour Commiffaire-Vifiteur le Pere Meige , Religieux de l'Ordre de S<sup>t</sup> Dominique , & Docteur en Theologie. Le 25. de Septembre, le Pere vient à l'Hofpital, le 26. il commence le fcrutin ou l'examen particulier de toutes les Religieufes , & continuë jufques au 11.
d'Octobre. Cela fait , il examine Sœur Marguerite Felix de Halot de S<sup>t</sup> Roch ; il luy trouve vn
grand defir de fe confacrer à Dieu, & au fervice
des Pauvres; il la trouve bien perfuadée , bien
inftruite de toutes les obfervances regulieres ;
enfin il luy voit toutes les difpofitions, toutes
les marques d'vne fainéte vocation. Il confirme
donc fa profeffion , & neantmoins il ordonne
qu'elle fera *entant que befoin eft ou feroit par elle ra-*
*tifiée folennellement lors de la ceremonie du voile , qui*
*luy fera donné par Madame la Prieure ; & que pour*
*faire droit au furplus des oppofitions , plaintes & requi-*
*fitions refpeétives des parties , le Scrutin par luy fait*
*& figné des parties , & le proces verbal de fa vifite fe-*
*ra par luy rapporté à M<sup>r</sup> l'Archevefque , pour eftre par*
*luy ftatué & ordonné fur le tout ce qu'il avifera bon eftre.*

D

Pendant que le Pere Visiteur travaille à toutes ces choses, M<sup>r</sup> du Bois Menillet Conseiller au Parlement, arrive à Pontoise, & s'adresse au Pere. Il se plaint & avec beaucoup d'aigreur, de ce qu'on refuse de luy faire voir Sœur Renée Dorat de S<sup>t</sup> Alexis. Le Visiteur luy respond, *Que ny luy, ny M<sup>r</sup> Dorat, son beau-frere, ne pouvoient ignorer sa commission, puisque M<sup>r</sup> l'Archevesque de Rouën ne la luy avoit donnée qu'à leur priere, & qu'eux-mesmes l'avoient prié de l'accepter ;* qu'il est d'vn ordre inviolable dans toutes les Maisons regulieres de fermer tous les Parlouërs durant la visite ; que neantmoins il vouloit bien pour cette fois, & en consideration de sa dignité, luy permettre ce qu'il desiroit. M<sup>r</sup> du Bois Menillet entretint donc trois heures entieres Sœur Renée de S<sup>t</sup> Alexis ; mais à cinq jours delà estant revenu pour l'entretenir encore, le Pere le supplia de trouver bon qu'il fist son devoir, & que la permission qu'il luy avoit accordée quelques jours auparavant par le respect seul de sa personne, avoit presque causé du desordre dans la Maison. Ce refus si juste ne pleut pas pourtant à M<sup>r</sup> du Bois Menillet. Il sort, & au mesme temps fait faire deux significations en son nom, l'vne au Pere, l'autre à Madame la Superieure ; & par ces actes signez, tant de luy que d'vn Sergent, il proteste de nullité de tout ce qui sera fait par le Pere en sa visite.

Mais pour reprendre noftre difcours, le Commiffaire Vifiteur apres avoir declaré à Madame la Prieure, & à toutes les Religieufes, que fa vifite n'eftoit pas finie, vient icy le 11. Octobre. M<sup>r</sup> l'Archevefque de Rouën, qui alors eftoit à Paris, affemble plufieurs Docteurs, & plufieurs perfonnes de pieté ; il entend en leur prefence le rapport du Pere Meige ; il examine fon proces verbal ; il voit les fignifications de M<sup>r</sup> du Bois Menillet, & autres pieces ; il prend les avis , & enfin en confirmant tout ce qui s'eft fait dans la vifite, il ordonne que *la ratification des vœux de Sœur Felix de Halot de S<sup>t</sup> Roch , & la ceremonie du voile, feront faites folennellement en prefence du Vifiteur, que deflors fa vifite fera fermée ; & pour le furplus du proces verbal, il fe referve d'y pourvoir , & cependant fait deffenfes aux Religieufes de contrevenir à fa charte du mois de Juillet 1661. à peine d'inobedience.*

La Sentence eft du 15. Octobre 1663. Le 24. le Pere Meige retourne à Pontoife, le lendemain 25. il entre dans le Monaftere & dans le Chapitre affemblé au fon de la cloche : il fait lire & la Sentence & la Charte. A peine cette lecture eft-elle faite, que les Revoltées proteftent tout haut qu'elles perfiftent en leur oppofition. Le Commiffaire leur remonftre qu'elles ne fe fouviennent plus de leurs vœux, qu'elles font dans vne rebellion toute ouverte ; elles repliquent *qu'elles n'o-*

*beïront point* : le Visiteur leur declare qu'il en donnera avis à M<sup>r</sup> l'Archevesque, & cependant suivant la Sentence, ordonne que le lendemain & à sa presence, la ceremonie du voile, & la ratification des vœux de Sœur Felix de Halot de S<sup>t</sup> Roch, se feroit solennellement.

Cecy se passoit le matin, l'apresdisnée les Rebelles font signifier au Pere vn acte sous seing privé, en datte du II. precedent. Par cét acte elles se plaignent premierement de ce qu'il leur a refusé des copies, tant de sa premiere commission de Visiteur, que des depositions de toutes les Religieuses; & enfin elles luy declarent, *que par de certains respects elles ne luy ont pas tout dit au Scrutin, & qu'en temps & lieu elles le diront contre tous qu'il appartiendra.* Le Pere estonné de l'insolence de cét exploit, parle à la Grille à trois ou quatre d'entre-elles, il leur remonstre l'estat deplorable où elles sont; que les copies qu'elles demandent ne se donnent point; que sa commission a esté leuë en plein Chapitre; qu'elles l'ont toutes receuë; qu'elles l'ont volontairement executée; que les depositions des Religieuses sont des secrets qui ne peuvent ny ne se doivent reveler. Il leur remonstre que si au Scrutin elles luy ont celé quelque chose, elles sont coupables tout à la fois de mensonge, d'inobedience & de parjure. Il les presse; il les conjure de s'expliquer, & de luy dire tout ce qu'elles luy ont caché. A toutes ces remonstrances si chrestiennes, la response est, *qu'elles ont trouvé par conseil, qu'elles devoient faire ce qu'elles ont fait.*

Le lendemain 26. jour d'Octobre, le Commissaire Visiteur estant entré dans l'Eglise sur les huit heures du matin, vn Sergent luy signifie vne nouvelle opposition à la ceremonie du voile de Sœur Halot de S<sup>t</sup> Roch, avec *protestation de le prendre luy-mesme à partie en cas qu'il y assiste.* L'acte porte, que l'exploit est fait par les Religieuses soussignées, & cependant il ne s'y trouve ny nom, ny signature d'aucune des Religieuses. Cette ridicule opposition n'empescha de rien. Le Confesseur du Monastere celebre la Messe; le Pere commence la Ceremonie par vn Sermon à la Grille: mais à peine a-t-il commencé, que toutes les Revoltées se levent, & crient en confusion & en tumulte, qu'elles s'opposent, & s'il y a quelque Notaire dans la Compagnie, qu'elles en demandent acte. Les Sœurs de l'Assomption, de S<sup>te</sup> Aldegonde, de IESVS, & de S<sup>t</sup> Iacques, se signalerent en cette saincte expedition, on les entendoit par dessus toutes les autres, quoy que les autres fissent raisonnablement leur devoir de bien crier. Le Pere, Madame la Superieure, les Meres Discrettes, les Anciennes, font ce qu'elles peuvent, mais en vain. Les remon-

strances, les exhortations, les menaces, la terreur de l'obedience violée, rien ne les touche;
& apres avoir protesté tout publiquement *qu'elles
n'obeïront point*, elles se retirent à la face de tout
le peuple, qui regardoit avec horreur vn spécta-
cle si honteux.

Les Revoltées ne furent pas plustost sorties,
que le Pere continuë son Sermon. En suite Sœur
Marguerite Felix de Halot de St Roch, ratifie solennellement ses vœux, Madame la Superieure
luy donne le voile, avec les prieres & toutes les
ceremonies qui se pratiquent en ces rencontres. Les jours suivans, & jusques au dernier du
mois, le Pere fit tous ses efforts pour remettre
les Seditieuses dans les bonnes voyes, & leur in-
spirer le repentir d'vne desobeïssance si enorme.
Il n'en peut pourtant rien tirer, que des marques
deplorables d'vne invincible obstination. Mais je
ne puis en cét endroit passer sous silence ce qui
se passa le lendemain de la ratification & de la
ceremonie du voile de Sœur Felix de St Roch. Le
Pere fit assembler le Chapitre au son de la cloche pour fermer enfin sa visite. Luy, Madame la
Superieure, les Meres Discrettes, les Anciennes,
sont là vne grosse demi-heure à attendre, sans
qu'vne seule des Revoltées parust. Il leur envoye
dire plusieurs fois qu'il leur enjoint de venir sur
peine d'inobedience : elles respondent à leur or-

dinaire, *qu'elles n'obeïront point;* mais Sœur Denise
de Visé de S<sup>t</sup> Dominique, fut si hardie que de
luy mander, *qu'il devoit avoir fermé sa visite dés le
soir du jour precedent, puisqu'il estoit encore à neuf heures & demie du soir dans la chambre de Madame la
Prieure.* C'estoit en ce mesme temps, en ce mesme lieu, que le Pere Visiteur, si on en croit le libelle, estoit au bal & dansoit avec les plus agreables Confidentes de Madame, & les plus jolies
Pensionnaires de la Maison. Mais voicy vn bel
exemple pour l'Autheur envenimé d'vn ouvrage
si scandaleux. Le Pere s'entretenoit sur le soir
avec Madame, & deux ou trois Meres Discrettes, quand Sœur Denise de Visé de S<sup>t</sup> Dominique vient à la Grille, reconnoist son imposture,
& leur en demande pardon.

Mais dans toute cette histoire, qui ne void l'i-
mage de la plus audacieuse rebellion qui fut jamais ? Nous ne sommes pourtant pas encore au
bout, jusques icy il n'y a que leur Archevesque,
que le Pere Visiteur, que quelques Prestres, que
la ville de Pontoise qui connoissent ces desordres, il en faut instruire toute la France. Pour cela les Revoltées obtiennent en Chancelerie vn
relief d'appel comme d'abus, tant de la Charte
de visite, que de la Sentence dont nous venons
de parler, & de tout ce qui s'en est ensuivi;
le 19. font intimer au Parlement sur cét appel

Madame la Superieure. Mais le Roy pour arrester le cours d'vne procedure si scandaleuse, par son Arrest du 7. de Decembre dernier, a evoqué à son Conseil le differend des parties.

Voilà & au vray l'estat de la cause, où à bien parler il ne s'agit que de sçavoir si des Religieuses, par vne cabale sacrilege, en haine de leur Prieure, en haine de leur Monastere, peuvent refuser au Noviciat, ou à la Profession, des Filles qui n'ont ny au corps, ny à l'ame aucun des defauts, dont il est parlé dans les Constitutions; des Filles, où elles-mesmes ne trouvent rien à reprendre; des Filles qui ont tout le zele & toutes les marques d'vne saincte vocation. Mais parce que dans la question particuliere on pourroit peut-estre prendre avantage des questions generales, ou des statuts de la Maison, je suis obligé d'en parler, & de faire voir *que dans l'esprit de l'Institut Monastique, & dans l'esprit de S. Louïs, fondateur de l'Hospital, la Superieure pour recevoir les Aspirantes, n'est point obligée de s'arrester à la pluralité des voix, que la forme de ce malheureux Scrutin des poix & des feves, a pû, mais a dû estre changée, & que les Professions de Sœur Gillette des Anges, & de Sœur Felix de S. Roch, sont canoniques.*



Quant au premier point, je n'ignore pas qu'vne question si fameuse a partagé toute l'Eschole, & que les deux opinions ont de part & d'autre d'autre de celebres deffenseurs. La chaleur de la dispute trouve par tout des raisons pour combatre mesme la raison : mais à bien considerer l'esprit de la vie & de l'institution monastique, la verité n'est point si cachée qu'on ne la descouvre. Car il est certain que l'Estat de Religion de sa nature est purement [a] monarchique. A la verité, les Superieurs au dehors sont comptables de leur conduite à leurs Prelats, aux Evesques, ou au Pape, s'ils sont exempts; mais au dedans toute la direction est entre leurs mains, leur puissance n'a point d'autres bornes que la charité & la juste crainte de Dieu.

Delà vient que S[t] Macaire dans sa Regle parle d'vn Superieur comme d'vn Maistre. *Craignez* [b], dit-il à ses Religieux, *craignez vostre Superieur comme vostre Maistre.* Ce disciple bienheureux du grand S[t] Antoine a voulu monstrer en ce peu de mots, qu'vn Religieux qui n'a plus de volonté, qui a renoncé à soy-mesme, est en effet vn esclave que l'amour du Ciel a reduit en servitude. Sainct Benoist [c] dans sa Regle parle à peu pres le mesme langage que Sainct Macaire. Il donne à l'Abbé le nom de *Maistre*, aussi-bien que le nom de Pere; & la raison qu'il en rend, *c'est que l'Abbé à l'esgard des Religieux tient la place de* IESVS CHRIST. Delà vient que par tout dans toutes les Regles [d] d'Hommes & de Filles,



[a] Vniversa Abbatis sollicitudo, ad quem tota potestas pertinet, debeat adimplere. *Can.* nullam 9. *Ca.* 18. *quæst.* 2. Abbas cui omnes in omnibus reverenter obedient. *Cap.* Cùm ad monasterium. *paragr.* Abbas de statu Monach. *Voy le chap.* Indemnitatibus, *paragr.* Si verò. De elect. in 6. *Voy la Glose sur le ch.* Dilecta de majorit. & obedient. *In verbo* Iurisdictioni, vbi habet vniversalem administrationem tam temporalem quàm spiritualem monasterii.

[b] Præpositum monasterii timeas vt dominum, cap. 7. *Voy le livre intitulé* Codex Regularum.

[c] Abbas autem quia Christi vices creditur agere, domnus & Abbas vocetur, *dans sa Regle chap.* 63.

[d] Cogitans se Deo pro vobis reddituram esse rationem, *dans la Regle de* S. *Aug. chap.* 11. Sciens se de omnibus judiciis suis Deo rationem redditurum. *S. Benoist*

on ne donne aux Superieurs que Dieu ſeul pour Iuge : & c'eſt ainſi que l'Eſcriture, que les Peres & les Conciles parlent aux Puiſſances e ſouveraines. Delà vient enfin que le vœu d'obedience entre les trois vœux, tient le premier f rang, & qu'il eſt meſme plus eſſentiel à l'eſtat de Religion que les deux autres ; parce qu'en effet dans vn eſtabliſſement monarchique ſi vous en oſtez l'obeïſſance, il faut de neceſſité que tout l'edifice tombe. Mais où ſera ce Seigneur, ce Maiſtre, où ſera cette obeïſſance, cette aveugle ſubjetion, dont toutes les Regles ſont pleines, ſi dans les deliberations vn Religieux non ſeulement marche de pair avec ſon Superieur, mais s'il peut meſme luy faire la loy ?

Il y a dans la Regle de St Benoiſt vn chapitre expres, où la maniere dont le Prieur, ou l'Abbé ſe doit conſeiller avec ſes Religieux, eſt exactement expliquée. Dans les affaires de petite conſequence, c'eſt aſſez, dit ce grand Sainct, de conſulter les Anciens, mais dans les choſes importantes, il faut qu'il aſſemble la Communauté ; que là il propoſe le ſujet dont il veut qu'on delibere ; qu'en ſuite il eſcoute les avis des vns & des autres ; qu'il les examine en luy-meſme, & qu'il fa-

dans ſa Regle chap. 3. & en pluſieurs autres endroits, & ainſi de toutes les Regles.

Et ſanguis eorum ( Monachorum ) de Prælatorum manibus requiratur, *cap. vlt.* de regular.

e Facta ſubditorum judicantur à nobis, noſtra verò judicat Deus, *Can* Facta. *Ca.* 9. *quaſt.* 3.

Papa à Deo ſolo judicatur, vtitur eo teſte quo & judice. *Can.* Aliorum, *Ca.* 9. *quaſt.* 3.

Cognoſcant principes ſæculi Deo debere ſe rationé reddere. *Can.* principes 20. *Ca.* 23. *quaſt.* 5. Audite reges, data eſt à Domino poteſtas vobis qui interrogabit opera veſtra. *Sapient. cap.* 6. *n.* 2. *&* 4.

f *S. Thomas* 2. 2. *quaſt.* 186. *art.* 8.

De adhibendis in conſilium fratribus. *chap.* 3.

ce ce qu'il jugera de plus vtile pour la Maiſon. Il Quod vtilius judi-<br>caverit faciat. *eod.*
eſt mal-aiſé de parler plus clairement. Il n'exce-
pte rien de cette loy qui embraſſe la veſture, la
Profeſſion des Novices, & tout le reſte de l'œconomie des Monaſteres. Il paſſe pourtant plus
loin. *Ie veux, dit-il, qu'on aſſemble toute la Com-*
*munauté, à cauſe que Dieu bien ſouvent met en la bou-*
*che du plus jeune le meilleur conſeil; mais les Freres doi-*
*vent opiner avec toute ſorte de ſouſmiſſion & d'humili-*
*té; qu'ils ne ſoient pas ſi preſomptueux que de deffendre* Vt quod ſalubrius<br>eſſe judicaverit, ei<br>cuncti obediant.<br>*eod.*
*leur ſentiment avec audace; que tout dépende de la ſeule*
*volonté du Superieur; & auſſi-toſt qu'il en aura decidé,*
*que tous generalement luy obeïſſent.* Ne diroit-on pas
que ce grand Sainct voyoit desja dans l'avenir
toutes les tempeſtes que l'amour propre, qu'vn
malheureux reſte de ſoy-meſme exciteroit vn
jour dans le monde regulier. Il ne peut, ce ſemble, finir; ce qu'il a dit au commencement, il le
repete dans la ſuite. Il regle differemment les
deliberations de grande ou de petite importance; mais dans ces deliberations il ne compte ny
les voix, ny les ſuffrages: ou pour mieux dire, il
ne compte qu'vne ſeule voix, & qu'vn ſeul ſuffrage. Il previent meſme l'objection qu'on luy
peut faire, que ces aſſemblées ; que ces conſul-
tations ſont inutiles ſi la volonté d'vn ſeul homme ordonne de toutes choſes, tant ce divin Patriarche a creû que la vie religieuſe n'eſt qu'vne

*a* Monachorum vita fubjectionis habet verbum. *Can.* hoc nequaquam, 4ς. *cñ.* 7. *quæft.* 1.

vie de fujettion *a*, qui ne peut fe maintenir que par le lien d'vne authorité fouveraine, inviolable, & qui n'a pour Iuge que I E S V S C H R I S T.

Paffons plus avant, & pour lever tous les fcrupules que l'infirmité du fexe pourroit peut-eftre donner, voyons fi ces premiers Directeurs des Vierges, ces faincts Archevefques, ces faincts Evefques, qui leur ont donné des regles, fe font efloignez à cét efgard de la doctrine du grand S<sup>t</sup> Benoift. Ie ne dis point qu'en toutes ces Regles on doit aux Superieures vne obeiffance aveugle ; que quand on leur obeït, c'eft à Dieu qu'on obeït ; que les Novices font les vœux entre leurs mains ; qu'elles ont feules dans l'enceinte de leur Maifon toute la puiffance , & de juger & de punir ; que tout ce qui entre dans le Monaftere, ou qui en fort, ne doit entrer ny fortir que par leur permiffion ; qu'elles difpofent des charges, reglent les rangs, le boire, le manger, la parole & le filence de leurs Filles ; qu'enfin on leur donne cette mefme authorité, ce mefme empire que S<sup>t</sup> Benoift , & ces autres Inftituteurs d'Ordres donnent aux Prieurs & aux Abbez.

*Voy* Cod. Regularum *pars.* 1.

Ie mets à part encore vn coup toutes ces chofes qui font pourtant voir, à qui veut ouvrir les yeux, quel eft au vray l'efprit de Religion. Mais pour venir à noftre poinct, S<sup>t</sup> Donat Evefque de

Bezançon, qui vivoit sur le declin du cinquiefme
Siecle, à l'inftance, & en partie des liberalitez
de fa mere Flavia, baftit dans Bezançon mefme
vn Convent de Filles ; & pour la conduite de
leur vie, il donna à ces fainctes Ames vne Regle que nous avons. Là cét Homme Apoftolique,
à l'exemple de S᷑ Benoift, fait vn chapitre de la
forme des deliberations capitulaires, où à la referve de ce qu'il change les fexes, il repete mot
pour mot tout ce qui fe trouve à cét efgard dans
la Regle du grand Abbé du Mont Caffin, &
que je viens de rapporter. Ce Prelat, digne fans
doute du Siecle d'or qui l'a porté, devoit fa naiffance miraculeufe aux prieres de S᷑ Columban.
Il fut depuis eflevé fous la difcipline de ce divin
Fondateur de l'inftitut monaftique dans les Gau-
les. Il apprit fous luy ce que c'eft que le facrifi-
ce, que l'holocaufte de la volonté ; Il apprit & la
fcience d'obeïr & la fcience de commander, &
ne quitta ce merveilleux Maiftre, que pour fuivre
la voix du Ciel qui l'appelloit à la gloire du fou-
verain Sacerdoce.

Ainfi voilà deux grands Iuges qui ont decidé,
& bien clairement, noftre queftion, mais des Iuges divinement infpirez, pour monftrer au monde le chemin du Ciel, & rallumer ce Feu divin,
qui brufla le cœur des Apoftres à la naiffance du
Chriftianifme. Il eft donc certain que les fuffra-

Cap. 2. De adhi-<br>bendis ad confi-<br>lium Sororibus.<br>Regula Sancti Do-<br>nati, Codex Re-<br>gularum, part. 3.

E iij

ges-des Capitulans ne lient point vn Superieur. Il est obligé de consulter ses Religieux, parce qu'en effet vn homme sage ne fait rien qu'avec conseil ; mais le conseil de ses disciples ne luy oste ny l'authorité ny le nom de Maistre. Il est bien vray que le temps, qui a pû mesme alterer l'ancienne discipline de l'Eglise, n'a pas espargné ces premiers establissemens de la vie monastique : l'amour de la liberté qui nous est si naturel, mais qui nous est si funeste, la corruption des mœurs leur a donné de Siecle en Siecle quelques atteintes. Les Religieux en quelques Convents, par la foiblesse de leurs Prelats, dans la rencontre des diverses revolutions du monde, se sont peu à peu tirez de cette aveugle subjection, & la suite des années a authorizé ces relaschemens, qui ont passé par condescendance ou par interpretation, passé, dis-je, de main en main jusques à des Ordres entiers. Delà sont venus les privileges, les exemptions, tant de statuts, tant d'observances ou de coustumes si differentes, & tous ces autres Enfans de la decadence de la pureté religieuse.

Parmi tous ces changemens, l'Eglise a pourtant gardé l'esprit du grand S<sup>t</sup> Benoist. La doctrine de ce divin Patriarche a tousjours esté la doctrine, & des Peres & des Conciles. Ce qui a fait dire à vn celebre Canoniste [n], que dans tout

[n] Quòd creatio Monachorum spectat ad collegium, non memini legisse. *Panorm. in* Cap. ea noscitur. de his quæ fiunt à Præl. n. 4.

le Droit Canon, on ne trouve point que le Convent ait la puiſſance de creer vn Religieux, pour me ſervir de ſes termes. Vn homme eſt Religieux, dit Clement III. [a] au moment qu'il a fait le vœu, & qu'vn Abbé l'a receû. Vn Religieux pour ſortir de ſon Convent, & paſſer à vne vie, ou dans vn Ordre plus auſtere, n'a beſoin que de la permiſſion de ſon ſeul Prelat [c]. On demande ſi apres la mort du Superieur la Communauté peut recevoir vn Religieux : [o] *Elle ne le peut,* dit le Pape, *ſi le droit de recevoir les Religieux appartient à l'Abbé ſeul. Mais elle le peut ſi ce droit luy appartient conjointement avec l'Abbé.* La Decretale eſt de Boniface VIII. ſon orgueil qui luy fuſcita tant d'ennemis, & qui le perdit enfin, ſera à jamais en abomination dans l'Egliſe ; mais conſtamment il eſtoit grand Iuriſconſulte, & grand Canoniſte.

Il eſt donc certain que le droit de recevoir vn Religieux appartient ou à l'Abbé ſeul, ou en commun à l'Abbé & à ſes Religieux. Mais de ces deux droits, ſi on demande lequel eſt le droit commun, il n'eſt pas bien malaiſé de deviner qu'vn Pape ſçavant, comme Boniface, a commencé par l'ordre de la ſcience, je veux dire par ce qui eſt du droit commun, pour venir en ſuite à vn droit qu'vn privilege, qu'vne couſtume ancienne, qu'vn ſtatut particulier a pû eſtablir

[a] Ex quo à convertendo votum emittitur & recipitur ab Abbate. *Cap.* Porrectum *de Regular.*

[c] Poſtquam à Prælato ſuo licentiam poſtulaverit. *Cap.* licet. *de Regular.*

[o] Si ad ſolum Abbatem pertinet creatio Monachorum, eo defuncto nequivit novus Monachus à Conventu creari ; aliàs poterit, ſi eorum creatio ſpectat inſimul ad vtrumque. *Cap. vlt. de Regul. in 6.*

contre la Regle. Mais pourquoy chercher plus loin ? le droit commun eft dans la Regle de S<sup>t</sup> Benoift. Ie le repete, le droit commun à cét efgard eft dans la Regle de S<sup>t</sup> Benoift. Car il eft conftant que jufques aux derniers Siecles, que la multitude des nouveaux Ordres a changé la face des chofes; il eft conftant, dis-je, qu'en tout ce qui regarde la difcipline monaftique, l'Eglife n'a point connu d'autre droit commun que la Regle de S<sup>t</sup> Benoift. On demande fi vn Religieux peut recevoir l'Ordre de Preftrife ; s'il peut en tout cas adminiftrer la Confeffion ou le Baptefme ? Le Pape refpond que tout cela luy eft permis. Et quelle raifon en rend-il ? Point d'autre, finon, que la Regle de S<sup>t</sup> Benoift ne luy deffend rien de toutes ces chofes. Les Conciles de Tours, de Mayence, & de Châlons fur la Saofne, renvoyent par tout à la Regle de S<sup>t</sup> Benoift tout ce qui eft de la vie reguliere. Alexandre Second deffend aux Religieux d'aller prefcher dans les Villes, ou dans les Villages, & leur ordonne de demeurer dans les Monafteres : & cela, dit-il, fuivant la Regle de S<sup>t</sup> Benoift [n]. Cette Regle, que les Docteurs appellent la Regle par excellence : cette Regle toute pleine de l'Efprit de Dieu, qui excelle en difcretion, comme parle le grand S<sup>t</sup> Gregoire [e], fut tousjours confiderée comme vne lumiere fortie du Ciel,

pour

*Boniface V. Neque enim beatus Benedictus Monachorum præceptor almificus hujus rei aliquando fuit interdictor. Can. nonnulli. ca. 16 q. 1.*

*m Ad normam Sancti Benedicti intra clauftrum morari præcipimus, & le refte. Can. juxta ca. 16. qu. 1.*

*n Voy Panorme fur le chap. ad Apoftolicam. n. 11. de Regular. in fine.*

*e Scripfit Monachorum Regulam difcretione præcipuam. Gregoire le Grand en la vie de Sainct Benoift chap. 36.*

pour esclairer, pour conduire dans le chemin de la vie, ces Ames sainctes qui ont tout quitté pour se donner à IESVS CHRIST.

Voilà donc le vray droit commun que Boniface VIII. a connû, que les Papes ses Predecesseurs, que les Conciles, que toute l'Eglise a connû; & c'est en vain que la Glose [d] sur ce Chapitre de Boniface VIII. & quelques Docteurs apres elle, alleguent contre vne doctrine si constante le Chapitre *ea noscitur* [e]. Car outre qu'il ne s'agit en ce Chapitre que d'vn simple droit de presentation à quelques Eglises ou benefices; que d'vn droit purement honorifique, qui ne regarde en rien le dedans du Monastere, & qui d'ailleurs dans la presomption ordinaire, semble attaché [g] au corps de la Congregation. Avec cela cette Decretale, qui est de Celestin III. est dans l'espece d'vne Abbaye où le droit de presentation appartenoit notoirement à toute la Communauté, comme Panorme [h] l'a excellemment remarqué. Que dit donc le Pape ? que la nomination de l'Abbé est en ce cas nulle, s'il n'a le consentement de tout son Chapitre. C'est-à-dire qu'vn homme seul n'a pû disposer d'vn bien dont il n'est pas le seul maistre : ou pour mieux dire, qui appartient à son Abbaye, & non pas à luy. Mais en cela il n'a ny touché, ny voulu toucher à l'ancienne Iurisprudence.

F

---

[d] *Cap. vlt. de Regular. in 6.*

[e] *De his qua fiunt à Praelat. Cùm saepe contingat quòd ad Ecclesias, in quibus collegia jus praesentandi habere noscuntur, Abbates, &c.*

[g] *Quia Ecclesiae illae praesumuntur institutae ex bonis communibus Ecclesiae. Panor. ad cap. Cùm Ecclesia Vulterana n. 8. circa medium.*

[h] *In dictum caput Ea noscitur, de his quae fiunt à Praelat.*

Et le Pape Boniface, qui tint le Siege environ cent ans depuis Celeſtin, a bien fait voir
qu'il ne croyoit pas que cette loy eut changé le
droit commun. Les Canoniſtes diſputoient entre-eux, ſi lors qu'vn Religieux eſt eſleû Superieur d'vne autre Maiſon, ſon Abbé peut luy
permettre d'accepter cette Prelature ſans conſulter la Communauté. D'vn coſté la Regle veut
que l'Abbé ne face rien d'important ſans prendre conſeil. D'autre coſté la faveur, le bien des
Egliſes qui n'ont point de Chef, point de Paſteur, ne ſouffre pas ces retardemens. Le Pape
[a] juge cette queſtion, & enfin diſpenſe l'Abbé
en ce cas de prendre conſeil. Mais pourquoy ne
parle-t-il point de conſentement ? C'eſt que le
conſeil eſt neceſſaire, & que le conſentement ne
l'eſt pas. Car du reſte, qui ne ſçait que la ſortie
& l'entrée d'vn Religieux ſont d'vne meſme importance. Le meſme [c] Pape donne à l'Abbeſſe,
dont l'eſlection eſt conteſtée, il luy donne, dis-
je, durant le procés toute l'adminiſtration du
ſpirituel & du temporel, à condition qu'elle ne
pourra ny rien vendre, ny recevoir de Religieuſes. Mais en vain cette exception, ſi vne Abbeſſe ne pouvoit ny l'vn ny l'autre.

Innocent III. grand Iuriſconſulte, & grand Canoniſte, auſſi-bien que Boniface, & qui d'ailleurs
ſucceda immediatement à Celeſtin, ce ſçavant Pa-

Sine fratrum con-
ſilio licentia d:ri
poſſit *cap. Religio-
ſus. de elect. in 6.*

[a] *Electis hujus mo-
di Superiores (ſuis
irrequiſitis Con-
ventibus) conſen-
tiendi & tranſeundi
liberam dare va-
leant facultatem.
Cap. religioſus, pa-
ragr. quia verò. de
elect. in 6.*

[c] *Cap. indemnita-
tibus, paragr. ſi ve-
rò. de elect, in 6.*

pe ne parle point, comme si son Predecesseur avoit renversé l'ancien ordre de l'Eglise, quand il dit[d] que les Abbez peuvent mesme par le ministere d'autruy recevoir la Profession d'vn Novice. Il fait bien davantage, car apres avoir confirmé vne Profession faite dans le temps du Noviciat, il deffend aux Superieurs de recevoir à l'avenir des Religieux que l'an de probation ne soit expiré, il les menace de punition, s'ils contreviennent à ses deffenses. Mais si les Superieurs ne peuvent rien faire qu'avec le consentement des Religieux, pourquoy n'adresse-t-il pas aux vns & aux autres, & ces deffenses & ses menaces ?

Le Concile de Trente parle le mesme langage, que [a] *le temps*, dit-il, *du noviciat achevé, les Superieurs facent faire profession aux Novices, s'ils les trouvent propres, ou qu'ils les renvoyent.* Il n'y a pas là vn seul mot des Religieux, ny de la Communauté, & les Declarations des Cardinaux n'en parlent non plus que le texte. Et toutefois dans les rencontres où les Prelats ont besoin du consentement ou du conseil des inferieurs, le Concile s'en est fort nettement expliqué. Il veut que les Metropolitains & les Evesques, pour establir les Theologales, & regler le nombre des Prebendes affectées au Sacerdoce, ou aux autres Ordres, prennent le conseil de leur Chapitre, il s'en explique formellement. Il veut que l'Eves-



*[d] Cap. ad Apostolicam. de Regular. Abbate per se vel per alium professionem recipiente monasticam.*

*[a] Sess. 15. cap. 16. Finito tempore novitiatus Superiores novitios quos habiles invenerint ad profitendum admittant, aut è Monasterio eos ejiciant.*

De Capituli consilio provideat. *Sess.* 5. *Cap.* 1. Cum consilio Capituli defi.

gnet. *Sess.* 24. *Cap.* 12.

De quorum consilio & assensu. item vota exquirant & juxta ea concludant. *Sess.* 25. de reformat. *Cap.* 6.

que en la visite, dans les causes criminelles, & autres affaires des exemts, suive la pluralité des voix, il s'en explique en termes precis. D'où vient donc que le Concile ne demande icy ny consentement ny conseil. Il est bien aisé d'en deviner la raison. C'est que ce consentement n'est point necessaire, & que le conseil est de droit commun.

Il est donc certain que dans l'esprit veritable de la regularité, vn Superieur qui tient la place de Iesvs Christ, est absolu au dedans de son Monastere. Il faut à la verité qu'il prenne conseil, mais ce conseil il le pese, il l'examine en Iuge, ou plustost en Maistre, qui doit vn jour rendre compte de tout au Souverain Iuge, & du Ciel & de la Terre. Dieu revele bien quelquefois aux foibles, aux ignorans, ce qu'il cache aux plus esclairez, mais ce n'est pas l'ordre ordinaire de sa Providence ; & c'est à ces hommes qu'il choisit pour commander aux autres hommes, qu'il se communique face à face pour parler ainsi. Soit qu'il les mette sur le chandelier, ou sur le thrône, il les illumine, il les instruit interieurement, il leur parle dans le fond du cœur. C'est dans ces vases si precieux, dans ces grandes Ames, qu'il verse l'onction saincte de sa grace, qu'il verse cét or divin ; que les mesmes mains qui ont fait, & le Soleil & l'Aurore, forment là haut dans le Ciel.

Mais parce que dans le libelle les Revoltées
ne fondent, & leurs oppositions & leur appel
comme d'abus, que sur les Constitutions de
l'Hospital, il les faut examiner. Voyons donc
premierement ce que portent les Constitutions
de S<sup>t</sup> Louïs, le Fondateur bienheureux de cette
saincte Maison. Ce grand Prince dans la Preface, instituë premierement vn certain nombre
de Sœurs & de Freres sous la Regle de S<sup>t</sup> Augustin; en suite, il veut que tous les Freres, que
toutes les Sœurs *facent leur Profession entre les mains*
*de la Prieure, & que les vns & les autres luy obeïs-*
*sent.* Dans le chapitre 13. où il prescrit *la maniere*
*de recevoir, & les Freres & les Sœurs,* il ne fait rien
faire que par la Prieure; elle explique les trois
Vœux à l'Aspirant ou à l'Aspirante; elle les instruit des austeritez de la Regle; c'est elle qui les
interroge, s'ils ont des dettes, s'ils sont mariez,
esclaves, infirmes, ou Religieux de quelque autre Ordre. Dans le chapitre 14. il repete ce qu'il
a dit dans la Preface à l'esgard de l'Obeïssance
& de la Profession. Dans le chapitre 9. la Prieure dispose des rangs, & dans le 13. elle donne les
dispenses d'âge. Dans les chapitres 15. 16. 17. &
18. elle regle toute seule toutes les corrections,
& des fautes les plus legeres & des fautes les plus
enormes, & tout cela sans dire vn seul mot ny
des Freres, ny des Sœurs. Enfin ces sainctes Con-

ſtitutions ſont toutes pleines de l'eſprit du grand ſᵗ Benoiſt ; elles ne donnent pour partage , & aux Freres & aux Sœurs, qu'vne *obeiſſance aveugle,* qu'vne *obeiſſance ſans murmure.* Il n'y a dans toute l'enceinte de la Maiſon qu'vne ſeule volonté, toutes les autres ſont mortes , ou le doivent eſtre. Iuſques-là que preſque par tout la Prieure eſt appellée *la Souveraine.* Les Rois quand ils vſent de ce mot ſçavent bien ce qu'ils veulent dire. Ce Monarque ſi pieux veut en effet que la Prieure ſoit dans l'Hoſpital ce qu'il eſt dans le Royaume.

Cependant cette *Souveraine* les nouvelles Conſtitutions la degradent ; toute ſon authorité eſt ancantie, on ne luy laiſſe pour toute marque de ſa dignité que des reverences. L'entrée ou dans la Maiſon, ou dans la Communauté, la veſture, la profeſſion, les diſciplines , les corrections , la direction meſme des procés : enfin toute la diſpoſition du dedans & du dehors eſt entre les mains ou des Diſcrettes, & des Meres Anciennes , ou entre les mains de toute la Congregation. Et apres cela on oſe dire dans l'Avant-propos de ces nouvelles Conſtitutions, qu'on n'a point eu d'autre deſſein que de *s'approcher des intentions de* Sᵗ *Loüis.*

Mais avant que d'examiner plus particulierement ces nouveaux Statuts, il importe de remar-

Ch. 14. *Que toutes autres choſes ils expoſent & laiſſent à la volonté & à la diſpoſition de la P. ſans murmurer, ſi que de toutes choſes ils ſe deſlient.*

De la licence de leur Souveraine, chap. 9. en deux endroits. *Delaiſſer leur volonté pour la volonté de leur ſouveraine, la licence que leur Souveraine leur donnera,* chap. 14. & autres lieux.

quer que conformément à l'esprit de S<sup>t</sup> Benoist &
de S. Louïs, ou pluftoft de toute l'Eglife, la Superieure avant ces nouvelles loix difpofoit abfo-
lument de toutes chofes, fans que la Communauté ny pour la vefture, ny pour la profeffion,
& les autres affaires les plus importantes, ait jamais eu autre chofe que la voix fimple du confeil. Cela eft de notorieté dans la Maifon ; cela fe
void mefme entre autres preuves par vne atte-
ftation de Madame de Calonne, qui eftoit Prieure de l'Hoftel-Dieu de Pontoife, il y a pres de
cinquante ans, & avant Madame Dampont.
Madame de Senlis Boutillier, qui fut Prieure
trente ans durant, eftoit fa tante ; elle certifie
donc que pendant fix à fept ans qu'elle poffeda
ce Prieuré, on n'vfoit pour la vefture ou pour la
profeffion des Filles ny de billets, ny de feves,
ny de poix, & que tout fe faifoit par la feule authorité de la Prieure, qui ne prenoit les fuffra-
ges du Chapitre que par confeil ; que fa tante l'a
tousjours ainfi pratiqué, & qu'elle luy a ouï
dire plufieurs fois que Madame d'Andrefy, qui
l'avoit immediatement precedée, n'en vfoit
point autrement.

*Elle eft devant No-taires du 7. Avril 1664.*

Les chofes eftoient donc en cét eftat, & fous
cette fainéte difcipline le Dieu de Paix eftoit be-
ny dans cette fainéte Maifon ; on n'y chantoit
jour & nuiét que fes loüanges ; les pauvres mala-

des y recevoient tout le ſecours, toutes les conſolations qu'on peut attendre d'vne charité & d'vn zele ſans meſure; la tranquillité, la concorde regnoit par tout, quand l'eſprit d'orgueil vint ſaccager vne moiſſon ſi floriſſante. Car pour revenir à nos nouvelles Conſtitutions, lors que Madame Dampont fut pourveuë du Prieuré de l'Hoſtel-Dieu, il y avoit dans la Maiſon vn aſſez grand nombre de Religieuſes modeſtes, humbles, à peu près comme les Rebelles. Ces Filles qui depuis quelques années avoient preſque ſecoüé le joug, ne pouvoient s'accommoder des Conſtitutions de Sᵗ Louïs, il leur en faut de nouvelles. Il y a bien de l'apparence qu'on chargea de ce ſainct ouvrage des Directeurs à peu pres ſemblables aux noſtres. Madame Dampont ne voulut point par prudence dans le commencement de ſon adminiſtration s'oppoſer à ce torrent; elle eſtoit fille de qualité, de bon eſprit & d'vne rare vertu, elle ſçavoit bien qu'on ne pouvoit luy arracher vne puiſſance qu'elle ne tenoit que du Fondateur de l'Hoſpital.

Ce grand œuvre s'acheve donc, & paroiſt enfin en l'eſtat où nous le voyons aujourd'huy. On le fait premierement confirmer par feu Mʳ l'Archeveſque de Rouën, & depuis par le Sainct Pere. Mais toutes ces approbations ne ſont pas d'vne datte bien ancienne. Car la premiere eſt

de

de 629. & la derniere eſt de 635. Ces nouvelles
Conſtitutions ſont faites au nom des Religieuſes. Elles ſont pleines de ſermons en ſi bon ordre, que quelquefois on ne ſçait ſi c'eſt le Pape,
elles-meſmes, ou leur Archeveſque qu'elles preſ-
chent. Dans l'Avant-propos on appelle ces Conſtitutions des Gloſes, des Declarations, ailleurs
on les appelle des Additions, ou des Amplifica-
tions. Dans le chapitre ſecond on deſpoüille la *chap. 2. p ag. 42.*
Prieure de toute l'authorité que les Conſtitu-
tions de S<sup>t</sup> Louïs luy donnent, pour la mettre,
comme j'ay dit, entre les mains ou des Anciennes, ou de toute la Communauté. Et juſques-là
que la Prieure ne peut pas meſmes toute ſeule recevoir vne Sœur ſervante, encore que ces Sœurs
ſervantes ne ſoient pas Religieuſes ᵃ, & qu'elles *ᵃ chap. 2. p. 42.*
ne ſoient liées à l'Inſtitut que par vn ſimple vœu
d'obeïſſance. Voilà veritablement de bonnes
Gloſes, qui ſuppriment en effect le texte. Dans
le chapitre 23. il eſt dit que la Mere Superieure, *chap. 23. p. 158. &*
& les Diſcrettes, eſliront leurs Viſiteurs. Elles ont *160.*
desja deſgradé la Superieure, maintenant elles
deſgradent leur Archeveſque. Mais en recom-
penſe cette inclination de teſte, dont on ſaluë
la Souſ-Prieure en certains cas, eſt vn precepte
de grande edification. On veut enſuite que la
Mere Superieure ſuive, & ne ſuive pas la plura-
lité des voix. Enfin dans le 10. chapitre, ſi les *chap. 23 p. 162.*

Medecins jugent que les Sœurs, pour leur ſanté, ayent beſoin de reſpirer vn air plus pur ; *Nous entendons*, diſent-elles ; & ces termes ſont remarquables, *nous entendons qu'il nous ſoit permis de ſortir*, ſans parler de permiſſion, ny de la Prieure, ny de l'Archeveſque. Voilà veritablement vn diſcours d'vne humilité exemplaire, & qui marque vne grande diſpoſition à l'obeïſſance. Dans le chapitre 4. *Nous ordonnons*, diſent-elles, *que la Mere Prieure*, & le reſte. Voilà le monde renverſé. Celles qui ne doivent qu'obeïr, ordonnent. Enfin dans le chapitre 26. apres avoir dit qu'elles doivent honorer, & la Regle & les nouvelles Conſtitutions : *Nous declarons toutefois*, diſent-elles, *qu'il n'y a rien, tant en l'vne qu'en l'autre, qui nous oblige à peché.* Pour les nouvelles Conſtitutions à la bonne heure, elles les ont faites, elles en ſont les maiſtreſſes ; mais pour la Regle, en vſer ainſi, n'eſt-ce pas ſe mettre au deſſus de Sᵗ Auguſtin, au deſſus de S. Louïs, qui les a aſſujetties à cette Regle? Parmi cela obſervez qu'on ne parle plus des Conſtitutions de ce grand Prince, qui pourtant ſont la ſeule Loy qui oblige, & la Prieure & toute la Communauté.

Voilà ces cheres Conſtitutions, les delices & l'amour des anciennes, & des modernes Revoltées. Or pour trancher ce point en peu de paroles, je dis, & il eſt certain que ces nouvelles

Constitutions n'ont pû ny abolir, ny alterer les Constitutions de S<sup>t</sup> Louïs. C'est la loy de la fondation. Il n'y a ny authorité ny puissance sur la terre qui puisse, ou qui ait pû luy donner la moindre atteinte. Les Religieuses, feu M<sup>r</sup> l'Archevesque de Rouën, le Pape mesme, ny dans nos Regles, ny par la disposition de Droit [a] ne l'ont pû faire sans l'ordre du Roy, comme Fondateur & comme Roy. Mais on peut dire à l'esgard des Religieuses, que cette entreprise est vne insolence sans exemple. Les fondations sont de droit public, il est mesmes de l'interest de l'Eglise qu'elles soient inviolablement gardées. L'Ordonnance [c] & les saincts Decrets conspirent à ce dessein. Nous sçavons tous que les Legats ne sont receûs dans le Royaume, qu'à la charge entre autres conditions, qu'ils ne pourront déroger à l'intention, & aux statuts des Fondateurs [d]. Le Roy mesme quand il confere en regale [e], ne sçauroit se dispenser de cette loy. Il n'y a point de maxime ny plus constante parmi nous, ny confirmée par tant d'Arrests [f]. La pluralité des Benefices si [g] odieuse à l'Eglise, est condamnée pour bien des raisons; Mais la principale, disent les Docteurs, c'est qu'en effet elle renverse toutes les fondations [h].

C'est vne espece de violence qu'on fait aux morts, que de ruiner leur ouvrage; mais vn ou-

G ij

a *Leg.* Legatum 4. *dig.* de administrat. rerum ad Civit. & *Glossa in cap.* Cùm dilectus, & *ibi Doctores & tot. tit. de Iure Patron.*

c *Can.* Decernimus 32. *ca.* 16. *qu.*7. *& can.* Filiis 31. *eod. & passim. L'Ordon. de Blois, art.* 75. 78. & 82.

d *Voy les preuves des libertez chap.* 23. *n.* 16. 46. 47. & autres, & au chap. 24. *n.* 9.

e *Voy Rasé en son traité de la Regale, privilege* 49.

f *Voy Louët litt. B. n.* 4. & *litt. E. n.* 6. & *Choppin sur la Coust. de Paris, livre* 2. *tit.* 4. *des Testamens, n.* 15.

g *Cap.* Intantum & *cap.* Iamdudum. *de preb.*

h *Voy la Glose sur la Pragmat. sanct. cap.* de Collat. *paragr.* cui rei *in verbo* pluralitatis.

vrage qui n'a pour but que le bien du monde,
& la gloire du Souverain Maiſtre du monde. Si
les Canons, ſi l'Ordonnance, ſi les Arreſts, à
l'eſgard d'vne Prebende, d'vn College, ou d'vne
ſimple Chapelle, ont du reſpect pour des Fondateurs le plus ſouvent inconnus, & du milieu
de la foule du vulgaire, que ſera-ce de noſtre au-
guſte Fondateur ? que ſera-ce d'vn grand Roy,
qui a rempli le Ciel & la Terre de la lumiere de
ſon nom, & de l'odeur de ſa ſaincteté?

Auſſi le Pape, à vray dire, n'a point touché
aux anciennes Conſtitutions de l'Hoſpital. Qu'on
liſe ce Bref, dont par honneur le libelle fait vne
Bulle, on verra qu'il ne confirme ces nouveaux
Statuts qu'en cas, entre autres conditions, *qu'ils
ſoient en vſage, & qu'ils ne ſoient point contraires à
l'Inſtitut regulier de l'Ordre.* Ie ne dis rien de la maniere dont ces Brefs s'obtiennent en Cour de
Rome. Ie ne dis point que ces confirmations
s'expedient, ſans qu'on regarde ſeulement ce
qu'elles authoriſent. Il y paroiſt bien icy, car on
confirme ces nouveaux Statuts, pourveu, dit le
Bref, qu'ils ſoient licites, qu'ils ſoient honneſtes.
Si en effet on les avoit leûs, ne ſçauroit-on pas
s'ils ſont licites, s'ils ſont honneſtes? Mais pour venir aux autres conditions de ce Bref, les nouvelles Conſtitutions, comme bien-toſt je le mon-
ſtreray, ne ſont, ny ne furent jamais obſervées.

Mais en tout cas elles n'ont pû apparemment se pratiquer que depuis 629. que feu M<sup>r</sup> l'Archevesque de Rouën les approuva : quand donc en six cens trente-cinq sa Saincteté les confirme, il n'y avoit au plus que cinq ou six ans qu'on les observoit. Mais vne pratique de cinq ou six ans est-ce vn vsage ? Passons outre. I'ay fait voir qu'il n'y a rien de plus directement opposé que les anciennes & les nouvelles Constitutions. Le Bref ne confirme les nouvelles qu'en cas qu'elles ne soient point contraires à l'Institut regulier de l'Ordre. Mais qu'est-ce icy que l'Institut regulier de l'Ordre, si ce n'est la Loy, la Fondation, les Constitutions de S<sup>t</sup> Louïs?

Le Pape n'a donc ny voulu, ny pû renverser les anciens establissemens de l'Hospital. Et les nouvelles Constitutions ne furent jamais considerées que comme de simples conseils, & point du tout comme des Loix. Cela est si vray, que la plus grande partie ne s'obserue point, & ne s'est mesmes jamais observée. Pour recevoir vne servante, qui n'est point effectivement Religieuse, on y veut pourtant les mesmes solennitez que pour recevoir vne Sœur du Chœur. Ce Statut sans doute choque toute la raison. Aussi ne s'observe-t-il point, & feu Madame Dampont, qui n'en a jamais receû qu'vne seule, la proposa simplement dans vne assemblée des Meres Discret-

*chap. 2. pa. 43. des nouvelles Constitutions.*

tes & de quelques Anciennes. La mesme Madame Dampont n'a pris en sa vie ny l'avis des Anciennes pour l'entrée, ny du Chapitre pour la vesture des Novices. Et à l'esgard des Filles qui avoient esté eslevées pensionnaires dans la Maison, sans s'arrester à l'espreuve des trois mois, elle leur donnoit quelquefois l'habit au bout de huit jours. On a souvent donné l'habit à des Filles sans qu'elles l'eussent demandé en plein Chapitre. On a receû des Filles illegitimes. On en a receû qui avoient porté l'habit d'vne autre Religion. Les Revoltées font elles-mesmes profession de publier tous les secrets du Chapitre, où il ne se fait rien dont toute la Ville aussi-tost ne soit abreuvée ? La Mere Hospitaliere ne visite point les malades qui se presentent à l'Hospital; il seroit mesme ridicule qu'elle le fist à l'esgard des hommes. Les Revoltées n'ont pris l'avis ny des Discrettes ny des Anciennes, pour s'opposer, pour appeller comme d'abus, pour faire tous les procés qu'elles font à leur Prieure. Les Sœurs doivent fuir toutes sortes d'amitiez & de liaisons particulieres, ne doivent jamais deffendre les fautes, ny entrer dans les chambres les vnes des autres. Il est deffendu de se retirer en secret pour murmurer, sur tout contre la Superieure. Ie demande aux Revoltées comment elles observent ces preceptes, aussi-bien que tout le chapitre de l'obeïssance.

pa. 40. 43. & 44.

pa. 43.

pa. 44.

pa. 39.
pa. 40.

chap. 14. p. 115.

chap. 17. p. 134.

chap. 19. p. 145.

chap. 22. p. 153.

chap. 23. p. 154.

Les Ordonnances de visite ont changé l'heure du lever, & l'ordre de dire ou de chanter les
Matines. Enfin, & pour venir à ce qui regarde la
Profession des Filles, quand feu Madame Dampont a veû de l'intrigue, de la cabale, ou de l'af-
fectation dans le Chapitre, jamais elle ne s'est ar-
restée à la pluralité des suffrages : cela est de notorieté publique. Mais il se void par vne attestation
de la Prieure, de la Souf-Prieure, & de la Depo-
sitaire de l'Hostel-Dieu de Mantes, toutes trois
Religieuses Professes de l'Hostel-Dieu de Pontoise, il se void, dis-je, que Sœur Françoise de
Maré Montcrepin de Ste Genevefve, elle est sœur
d'vne des Rebelles, & plusieurs autres, ont esté
admises au Noviciat & à la Profession, quoy
qu'en Chapitre la plus grande partie des voix
fust à les exclure. Ce ne seroit jamais fait si on
vouloit rapporter icy tous les articles de ces
nouvelles Constitutions, qui ne se pratiquent
point. Comme elles sont tres-mal concertées, on
peut dire qu'elles n'ont pas eu vn jour de vie, &
que ce peu qu'on en obserue, s'obseruoit auant
qu'elles fussent faites. Et delà on peut juger de
quelle consideration, ou de quelle authorité peuvent estre ces nouvelles loix. Si ces loix toutes
pleines d'absurditez & de contradictions ont pû
alterer ; disons plustost, abolir la loy, ruiner l'ouvrage d'vn Fondateur si auguste, d'vn Prince

*chap. 6. p. 71.*

*On ne se leve qu'à cinq heures. On dit Matines le soir, & sans chanter.*

*Elle est passée devant Notaires le 26. Iuillet 1663.*

dont la pieté fut en ſon Siecle également reve-
rée, & des Chreſtiens & des Infideles.

Mais parce qu'il s'agit icy principalement du
droit ou de la puiſſance de recevoir des Religieuſes, revoyons encore vne fois les Statuts de
Sainct Louïs, & recherchons de plus pres quelle a eſté ſon intention à cét eſgard. Dans le
chapitre 12. de ſes Conſtitutions, ce grand Prince veut qu'apres la mort de la Prieure, pendant
la vacance, la Communauté ait en toutes choſes le pouvoir de la Prieure. En ſuite il veut que
ſans s'arreſter à toutes les ſubtilitez de droit, vne
nouvelle Superieure ſoit eſleuë en plein Chapitre, & à la pluralité des ſuffrages, ſoit par la
voye du Scrutin, ſoit par la voye du Compro-
mis. Dans le chapitre ſuivant, il ordonne de la
maniere dont les Freres ou les Sœurs ſeront receuës à la veſture, ou à la profeſſion. Mais en
ces ceremonies, comme j'ay dit, la Superieure
fait toute ſeule toutes choſes. Il n'eſt pas dit vn
ſeul mot de voix, de conſentement, ny de deli-
beration, & toutefois le chapitre où Sainct Louïs
parle de la pluralité des voix, n'eſt pas bien
loin, c'eſt le chapitre qui precede. D'où vient
donc qu'il ne parle icy ny de voix, ny de ſuffrages? Il eſt bien aiſé de le deviner. C'eſt qu'il
veut que la Prieure, en cela comme en tout le
reſte, *ſoit la Souveraine.* C'eſt qu'il a devant les
yeux

yeux le grand St Benoist [a], & qu'il ne veut, non plus que luy, qu'vne volonté dans vn Monastere.

Et pour faire voir que ce grand Roy n'oublie que ce qu'il veut, au mesme chapitre, & sur la fin, il prescrit l'âge que les Freres & les Sœurs doivent avoir pour entrer dans la Congregation ; mais il adjouste que la Prieure *du conseil des bons*, ce sont ses termes, pourra pour le bien de la Maison se dispenser de cette loy. Ce Prince n'oublie donc rien que ce qu'il veut. Et si on demande pourquoy il parle de conseil en cét endroit ; c'est pour faire voir qu'à l'esgard de ces dispenses il suffit de prendre l'avis des anciennes & des plus sages, & qu'il n'est pas necessaire de consulter toute la Communauté. *J'habite dans le Conseil*, dit la Sagesse, il en faut en toutes choses, mais selon l'importance des matieres on le prend ou d'vn petit nombre, ou de tout le Corps du Chapitre. Ce n'est donc ny faute de memoire, ny faute d'y bien penser, que St Louïs en vse ainsi ; mais il a bien sceû qu'il y a grande difference entre eslire vne Prieure ou vne Abbesse, & recevoir vne simple Religieuse. En l'vn toute la Communauté met vne Fille sur sa teste, & en la place de Dieu mesme ; Voilà sans doute vn grand interest : Il est juste, disent les Canons [c], que toute la Communauté ait part à

H

[a] Prævidemus expedire propter pacis caritatisque custodiam in Abbatis pendere arbitrio ordinationem Monasterii. *Sainct Benoist en sa Regle, chap.* 65.

Ego sapientia habito in consilio. *Proverb. ch. 2. n. 11.*

[b] Quem vice Dei supra caput suum posuit, *cap.* Si religiosus. 17. *de elect. in* 6.

[c] Liberum de eo qui eos recturus est

ce choix Il eft jufte qu'elle choififfe cette faincte guide, qui la doit conduire dans le chemin des Confeils Evangeliques. Mais en l'autre le grand intereft, c'eft l'intereft de l'Abbeffe, ou de la Prieure. Il leur importe principalement de connoiftre, d'examiner la vocation, les mœurs, le zele & la pieté des Afpirantes, parce qu'en effet au moment qu'elles font receuës elles s'en chargent devant Dieu. Ce ne font point les Capitulantes ; ce n'eft point la Communauté qui en doit refpondre, la feule Superieure a ce fardeau fur les bras. C'eft elle feule qui en doit vn jour rendre compte à ce Iuge fi terrible, que rien ne peut ny corrompre ny tromper. Sera-t-il dit qu'vne cabale, qu'vne faction puiffe luy ravir de bonnes Religieufes, ou luy en donner de mauvaifes.

Et c'eft icy où je me trouve infenfiblement au veritable poinct de la caufe. En effet, de-quoy fe plaint-on ? M^r l'Archevefque de Rouën par fes Ordonnances, le Pere Meige dans fa vifite, Madame de Guenegaud à l'efgard des Sœurs des Anges & de S^t Roch, qu'a-t-elle fait, qu'ont-ils fait les vns & les autres, que garantir la Maifon de Dieu des complots funeftes d'vne confpiration malheureufe ? Voilà les abus qui ont excité tant de tumultes. Mais pour trencher cét article en peu de paroles, M^r l'Archevefque,

debent habere judicium. *Can.* Nullus. 13. *dift.* 61. Quod omnes tangit, ab omnibus approbari debet. *cap.* ad hæc. 7. *de offitio Archidiac.*

Ne fanguis de Prælatorum manibus requiratur. *cap. vlt. de regularibus.* Abbas follicitudinem gerat de omnibus, alioquin offenfa nonfolùm propria, verùm etiam aliena de fuis manibus requiratur. *cap.* Cùm ad Monafterium. 6. *paragr.* Abbas. *de ftatu Monachorum.*

ſur les plaintes de Madame la Superieure, & auſſi
ſur les clameurs des Seditieuſes, vient dans l'Hoſtel-Dieu faire ſa viſite; il apprend toute l'hiſtoire du Scrutin, & de la Profeſſion de Sœur Gillette Langevin des Anges, l'hiſtoire de ce Scrutin plein de meſpris, plein d'vne inſolente raillerie; & reconnoiſſant que l'vſage des poix & des
feves eſt la ſeule cauſe de tant de deſordres, il
abolit ce Scrutin muet, & met en ſa place le
Scrutin de vive voix, où eſt l'abus? Car premierement où ſont les Canons, les Arreſts, les Ordonnances, que ce nouvel eſtabliſſement a
violées?

En ſecond lieu, dans les Conſtitutions de Sᵗ
Louïs, il n'eſt pas dit vn ſeul mot de Scrutin, &
bien moins encore de poix ou de feves. C'eſt
pourtant la ſeule loy qui peut obliger, qui peut
lier la Superieure & la Congregation.

En troiſieſme lieu, les nouveaux Statuts par- *chap. 2. p. 50.*
lent à la verité du Scrutin, mais ils ne parlent
ny des feves ny des poix. Ils ſe tiennent au mot
general, ſans s'expliquer de la maniere dont ce
Scrutin ſe fera, tellement qu'on le peut faire
d'vne façon ou d'vne autre, ſans enfraindre ces
nouvelles loix.

En quatrieſme lieu, il eſt certain que feu Madame Dampont, de gré ou de force, introdui-
ſit ces poix & ces feves. Mais cét vſage peut-il

H ij

obliger Madame de Guenegaud ? Point du tout.
Madame de Guenegaud l'a pû revoquer de la
meſme ſorte que ſa devanciere l'a pû eſtablir.
Mais bien plus, Madame Dampont qui avoit in-
troduit cét vſage, qui l'avoit, ſi vous voulez, in-
troduit de l'authorité de tout ſon Chapitre, n'e-
ſtoit pas pourtant liée par cét vſage, elle a pû
elle-meſme l'abolir. C'eſt ce que diſent tous les
Docteurs [a], tous les Canoniſtes. La meſme puiſſance [b] qui peut lier, peut auſſi ſans difficulté deſ-
lier ; que ces feves & ces poix ſoient vne loy,
vne interpretation ou vne gloſe , Madame la
Superieure a pû faire vne autre loy, d'autres in-
terpretations & d'autres gloſes. Soit par prudence , ſoit par modeſtie , elle n'en a pas ainſi vſé ;
mais enfin elle l'a pû faire.  Qu'a donc fait icy
M<sup>r</sup> l'Archeveſque ? Il a fait ce qu'vne Abbeſſe,
ce qu'vne ſimple Prieure pouvoit faire. Voilà veritablement vn grand abus ?

Mais pour eſclaircir plus particulierement ce
poinct, je diray qu'il y a de deux ſortes de Scrutins : il y a vn Scrutin muet, qui ſe fait tantoſt
par billets, tantoſt par ballottes, poix , feves &
autres choſes qui ne parlent point.  Il y a vn
Scrutin de vive voix, où tous les Capitulans vont
les vns apres les autres dire leur penſée aux
Scrutateurs , à l'Eveſque, au Superieur.  Le premier de ces Scrutins, qui ne cherche que les te-

nebres, qui favorise le libertinage, n'est presque
en vsage nulle part. Mais on peut dire que le
dernier est le vray Scrutin de l'Eglise. [a] Innocent
III. a prescrit trois diverses formes ou manieres
d'eslection ; celle qui se fait par le Scrutin est la
premiere ; Mais comment en ordonne-t-il, *Trois*
*Scrutateurs dignes de foy, choisis, dit-il, entre tous les*
*Capitulans, recevront les voix des vns & des autres*
*en secret, & les redigeront par escrit.* La Glose sur le
mot *en secret, C'est,* dit-elle, *pour exclure le Chapi-*
*tre, & non pas les Scrutateurs, ausquels il faut necef-*
*sairement se descouvrir.* Et apres la Glose, tous les In-
terpretes disent, *que l'eslection* [b] *est secrete, quoy que*
*les suffrages soient donnez de bouche & de vive voix,*
*pourveu que cela se face en secret.* Le Concile de
Trente en la Session [c] 25. chapitre 6. veut *que les*
*eslections soient secretes & se facent par scrutin.* Et au
chapitre suivant, il en explique la forme à l'esgard des Maisons de Filles. *Le Superieur,* dit-il,
*qui preside à l'eslection, entendra* [d] *ou recevra à la gril-*
*le les suffrages de toutes les Capitulantes.* Les Declarations des Cardinaux sur ces deux chapitres ad-
joustent, *qu'en l'eslection d'vne Prieure ou d'vne Ab-*
*besse, les Evesques, les Superieurs, peuvent en presence*
*de leurs Secretaires & de deux tesmoins, prendre les*
*suffrages des Religieuses.* Les Capitulans entre-eux
ne sçavent rien des sentimens les vns des autres ;
mais l'Evesque, le Superieur, les Scrutateurs sça-

H iij

[a] *Ca.* Quia propter. 42. *paragr.* Statui-mus. *de electione.* Assumantur tres de Collegio fide di-gni qui secretè & sigillatim vota cunctorum dili-genter exquirant, & in scriptis reda-cta mox publicent in communi.
Et quod dicit *se-cretè* Capitulum tantùm excluditur, & non personæ ne-cessariæ. *Gloss.*
*Voy Panorme sur ce chap. n.* 14.
[b] Electio per vota voce tenus expres-sa quatenus secretò audiantur, facta dicitur secretò. *Tamburinus de ju-re Abbatissarum disput.* 28. *qu.* 3. *n.* 3. *& qu.* 4. *n.* 3. *Vide & auctores ibi ci-tatos.*
[c] Per vota secreta.
[d] Antecancellorum fenestram vota sin-gularum audiat vel accipiat.
In elect.one Abba-tissarum Episcopus vel Superior potest cum suo Vicario vel Secretario vel alio, cum duobus testibus vota sin-gularum Monia-lium ore tenus ex-pressa audire.

vent tout le secret des suffrages, & l'eslection
pour cela n'en est ny moins libre, ny moins secrete. Voilà le Scrutin que les Papes, que les
Conciles, que toute l'Eglise connoist. Voilà le
Scrutin que M<sup>r</sup> l'Archevesque de Rouën a mis
en la place du Scrutin des poix & des feves,
dont les Revoltées ont si outrageusement abusé.
Si dans les eslections des Superieurs, où apres
tout on se fait vn Maistre, qui pourroit vn jour
se venger des Capitulans qui luy sont contraires,
l'Eglise a pourtant suivi cét ordre; Que sera-ce
icy où il ne s'agit que de recevoir à la vesture
ou à la profession vne Novice, qui n'entre dans
le Monastere que pour obeïr, & dont la Communauté en particulier ou en general, n'a rien à
craindre.

Ouï mais, dit-on, c'est oster non seulement
la liberté des suffrages, mais donner encore à
vne Superieure l'authorité de refuser ou d'admettre dans la Congregation les Filles qu'il luy
plaira. Est-ce que les Papes, que les Conciles ont
ignoré tous ces beaux inconveniens? Cependant
ils en ont ainsi ordonné dans vne matiere infini-
ment plus importante que n'est la profession ou
la vesture d'vne Fille. L'Evesque, le Superieur,
les Scrutateurs, qui reçoivent les suffrages des
Capitulans, ne peuvent-ils pas supposer ou fein-
dre tout ce qu'ils veulent : mais si les hommes

ne les voyent, ils ſçavent que Dieu les regarde,
& que mentir au Sainct Eſprit eſt le plus abominable de tous les menſonges.

Mais ce diſcours eſt-il de Filles, qui ont voüé vne
obeïſſance aveugle? Eſt-il de Filles, qui dans l'e-
ſprit de S. Auguſtin [a] doivent reverer leur Superieure comme leur mere. Qui la doivent regarder
comme leur ſouveraine, comme l'image de Dieu
en terre, dans l'eſprit de St Loüis, & de tous ces
grands Fondateurs de la vie Religieuſe. Si cette
puiſſance abſoluë irrite les Revoltées, qu'elles ſe
plaignent du joug de leurs vœux, de cette ſujet-
tion ſaincte qu'elles ont volontairement embraſ-
ſée. Qu'elles ſe plaignent de leur inſolence, de
leur orgueil, qui a contraint leur Superieure de
ſe ſervir de toute l'authorité de ſa Prelature.

Et delà on peut juger ſi les Rebelles peuvent
conteſter la Profeſſion des Sœurs des Anges, ou
de St Roch. Et pour commencer par la premiere, Madame la Superieure, comme j'ay dit, la
pouvoit admettre en Chapitre lors que dix ou
douze des Seditieuſes tromperent inſolemment
le Scrutin, parce qu'en effet elle avoit pour elle
la pluralité des voix. Au lieu d'en vſer ainſi, elle
prend l'avis des Meres Diſcrettes, des Anciennes, & du Pere Confeſſeur, & par leur conſeil,
elle demande à toutes les Religieuſes les vnes
apres les autres, ce qu'elles trouvent à redire à

[a] *Præpoſitæ tan-
quam matri obe-
diatur, honore ſer-
vato. Reg. Sancti
Auguſt. cap. 10.*

l'Aſpirante. Iamais les Rebelles n'ont rien repris, ny pû rien reprendre dans ſes mœurs; c'eſt vne Fille pleine de zele & de pieté; Mais *le party vertueux* n'en veut point de ce charactere, parce qu'on ne peut les deſtacher de l'obeïſſance. Elles diſent donc pour tout pretexte, que cette Fille n'apportoit rien à l'Hoſpital. Mais refuſer vne Fille pour cette raiſon, n'eſt-ce pas vne ſimonie toute pure, condamnée par les Canons [a]. Sainct Louïs au chapitre 13. de ſes Statuts, dans les diverſes queſtions qu'il fait faire aux Aſpirantes, il ne leur demande point ſi elles ont de l'argent; au contraire, il veut qu'on les interroge ſi elles n'ont rien promis pour entrer dans l'Ordre. Les nouvelles Conſtitutions [b] dont les Revoltées font leur Bible, dans le chapitre ſecond, ne comptent point la pauvreté entre les defauts qui peuvent exclure vne Fille. Mais il y a plus; Des vingt Revoltées, le tiers n'a rien apporté à la Maiſon, & l'autre tiers n'a apporté pour toutes choſes que deux ou trois mille livres. La Sœur des Anges avoit en argent mille francs ou environ, qu'elle avoit eſpargnez de ſon travail; elle eſtoit Tapiſſiere en petit poinct; elle a fait meſme pour la Maiſon vn admirable parement d'Autel. Tandis qu'elle travailloit pour les vns & pour les autres, elle eſtoit logée & nourrie, & gagnoit par mois outre cela deux Louis d'or. Les deux tiers des

Revol-

[a] *Can.* Quæ pio. ca. 1. qu. 2. cap. 8. 9. & 19. *de Simon l'Extravagante eod. tit. cap.* 1.

[b] *p.* 45.

Revoltées n'ont donc rien pour ce regard à luy
reprocher, & l'industrie de cette Fille vaut bien
toute seule ce que la pluspart d'entre-elles ont
apporté.

Aussi l'interest de la Maison n'est pas ce qui
touche les Rebelles; le seul motif d'vn refus si injurieux, ne fut autre que de faire outrage à leur
Mere spirituelle, que de l'exposer au mespris & à
la risée de tout le Convent. Dans vne rebellion
si manifeste, si scandaleuse, pouvoit-elle faire autre chose que d'vser de l'authorité que Dieu luy
a mise entre les mains. Elle en a vsé, mais avec
conseil; elle a pris l'avis de son Confesseur, des
Discrettes, des Anciennes; disons pluftost de
toute la Communauté. Car à dire vray peut-
on compter pour Religieuses des Filles qui ont
secoüé le joug avec tant d'audace: Des Filles qui
ne travaillent jour & nuict qu'à deshonorer leur
Superieure; qu'à destruire, qu'à renverser la
Maison? Se faut-il donc estonner si dans sa visite, M<sup>r</sup> l'Archevesque de Roüen approuva non
seulement toute cette saincte œconomie, mais
abolit au mesme temps ce pernicieux Scrutin
des poix & des feves? Faut-il s'estonner si vn
grand Prelat, jaloux de la gloire de son Dieu, arra-
cha du champ de l'Eglise cette pierre d'achoppe-
ment, qui fut la cause funeste de tant de scandales?

Ie viens maintenant à Sœur Felix de Halot de

I

S<sup>t</sup> Roch. C'eft vne Fille dê qualité, elle apportoit dans la Maifon deux mille livres d'argent comptant, fa chambre, & cent efcus de penfion. Son noviciat fini, on fa propofe en plein Chapitre, les Revoltées fe levent, & la tefte haute, refufent de s'expliquer autrement que par les poix & par les feves ; elles fe moquent tout ouvertement de la charte & des ordres de leur Pafteur. Prieres, remonftrances, obedience, commandement, tout eft inutile. Madame la Superieure, qui voit vne confpiration toute manifefte, prend les voix des autres Religieufes, & par leurs avis, reçoit vne Fille qui foufpiroit depuis trois mois apres cette grace. M<sup>r</sup> l'Archevefque de Rouën approuve cette conduite, & luy permet, non feulement de priver ces Seditieufes de voix active & paffive, mais de recevoir les Novices par le confeil des Capitulantes, qui demeureront dans le devoir. C'eft ce qu'elle a fait; c'eft ce qu'elle a dû faire, veu le danger qui eftoit inevitable fans cette faincte prevoyance.

*Voyez fa Lettre, p. 22. cy-deffus.*

Ouï mais, dit-on, que deviendra l'oppofition des Revoltées ? Mais fi l'oppofition des Revoltées eft quelque chofe, que deviendra l'authorité de leur Prieure ; que deviendra l'authorité d'vn grand Archevefque? De quel droit des Filles que le monde ne connoift plus, qui n'ont plus de volonté , qui n'en peuvent en tout cas avoir sans crime : De quel droit , dis-je , ont-elles pû s'opposer aux ordres , & de leur Superieure & de leur Pasteur ? Quoy vn acte punissable par toutes les Loix de l'Institut Monastique , a-t-il pû suspendre ou destruire vne œuvre si saincte ?

Quant à cette pretenduë commission, donnée, dit le libelle, au Vice-gerent de Pontoise , pour entendre les jugemens que les Revoltées pouvoient faire de Sœur Felix de S$^t$ Roch : outre que jamais elle ne fut signifiée , il est certain que Madame de Guenegaud ne pouvoit souffrir cette nouveauté sans renverser les anciens establissemens de l'Hospital ; sans faire bresche à la charte ; sans dementir honteusement les lettres mesmes de son Archevesque : mais des lettres *Voy p. 12 cy-dessus.* leuës en plein Chapitre , & par son commandement. L'importunité de quelques parens des Rebelles avoit sans doute extorqué cét acte : car du reste est-il croyable qu'vn grand Prelat ait voulu donner vn nouvel orgueil à des Filles qui n'en ont que trop, en avilissant jusques à ce point l'authorité de leur Mere spirituelle ?

Il est bien vray que Sœur Felix de S$^t$ Roch fit ses vœux sans pouvoir estre examinée. Madame de Guenegaud qui en avoit supplié par quatre ou cinq lettres M$^r$ l'Archevesque , ou son grand Vicaire, le jour de cette ceremonie , envoya prier par le Pere Confeſſeur, aſſiſté de deux perſonnes dignes de foy; envoya, dis-je, prier le Vice-gerent de venir examiner la Novice, dont on ne pouvoit ſans vn danger tout viſible, differer la Profeſſion. Mais quelque inſtance qu'on luy pût faire, il s'en excuſa.  Ce n'eſt donc point par meſpris que Madame la Superieure ſe diſpenſa de cette obſervance; c'eſt pour le bien de l'Hoſpital ; c'eſt pour la gloire du vray Dieu ; c'eſt pour tirer de peril vne jeune fille qui languiſſoit, qui ſe mouroit dans l'attente d'vne benediction qu'elle demandoit tous les jours au Ciel. Et du reſte, qui ne ſçait que l'examen ſi ſagement inſtitué n'eſt pourtant point de l'eſſence du vœu de Religion ? Le Concile [a] de Trente qui l'ordonne, ne l'ordonne pas ſous peine de nullité. Il oblige ſimplement la Superieure d'en donner avis à l'Eveſque, comme a fait Madame de Guenegaud, & ſi elle manque à ce devoir, l'Eveſque la peut ſuſpendre pour le temps qu'il luy plaira; & la raiſon de cela, c'eſt qu'en effet cét examen ne ſe fait, dit le Concile , que pour aſſeurer la liberté des Profeſſions, pour ſçavoir ſi l'Aſpirante n'eſt point ou ſeduite , ou violentée.  Mais comme cette precaution eſt preſque inutile, cela ſe fait avec tant de negligence , que dans l'Hoſpital la moitié des Religieuſes ont eſté receuës Professes sans s'arrester à cette formalité.

Les Superieures sont pourtant blasmables, & dignes mesmes de chastiment, quand elles manquent à ce devoir sans raison. Mais certainement on ne peut trop les loüer, quand elles ne s'en dispensent que par charité, que par zele, & pour prevenir les artifices & tous les efforts de l'abysme. Que si le Pere Meige ordonna dans sa visite que Sœur Felix de St Roch à la ceremonie du voile, ratifieroit solennellement sa Profession; ce n'est pas comme pretend le libelle, qu'il y eust rien à redire. Mais outre que la reiteration des vœux se pratique assez souvent parmi les Hospitalieres, que mesme par cette raison le formulaire s'en voye à la fin, & des Constitutions de St Loüis, & des Constitutions nouvelles. Avec cela cette ratification ne s'est faite, à dire vray, que pour satisfaire la Neophyte, & fermer, s'il se pouvoit, la bouche aux Rebelles.

Il est donc certain pour me recueillir en trois paroles, que Madame la Superieure n'a rien fait icy qui ne soit de la puissance de sa Prelature, qu'elle n'a rien fait que dans l'esprit de la discipline reguliere, & des Constitutions sainctes de l'auguste Fondateur de l'Hospital: Qu'enfin au milieu de tant de tempestes, elle n'a pû faire que ce qu'elle a fait, sans quitter le gouvernail, sans abandonner la cause de Dieu, sans trahir sa vocation.

Ie viens maintenant à cét inſolent libelle.
Mais avant que d'y reſpondre, il eſt à propos
d'expliquer icy les ſecrets motifs, & les divers
intereſts qui remuent toute la machine. Car à
dire vray, il entre bien des perſonnages dans vne
piece ſi malheureuſe. Les habitans de Pontoiſe
pour l'antiquité, tiennent ſans doute le premier
rang. Ce ſont les perpetuels & les irreconciliables ennemis de l'Hoſpital; les droits de peage
qui furent autrefois donnez à cette ſaincte Maiſon, les irritent; la preſcription de quatre cens
ans, l'authorité d'vn grand Monarque, mais d'vn
grand Sainct, n'a pû encore à leur eſgard rendre
ces droits legitimes. Encore aujourd'huy ils les
conteſtent, & dans ce proces ils ont excité, ils
ont appellé à leurs ſecours, & la Picardie & la
Normandie; ils ont remué dans Paris les Officiers de la Marée, & les ſix Corps des Marchands. Il a falu pour ces meſmes droits plaider
contre la Communauté des Bouchers, & autres
Communautez de Pontoiſe. Les principaux Ma-
giſtrats, Bourgeois, ou Marchands, avoient vſurpé la pluſpart des droits ou du bien de la Maiſon. On a veritablement retiré vne partie de ce
bien, vne partie de ces droits. Mais la playe en
ſaigne encore, & ſaignera peut-eſtre tousjours.
C'eſt parmi eux vne benediction que de piller
l'Hoſpital. La Ville tient vn eſtang qui conſta-

*Ce proces eſt pen-
dant à la Grand'
Chambre.*

ment appartient aux Pauvres. M<sup>e</sup> Pierre Collart,
Advocat du Roy, doit vne rente de quatre se-
ptiers de blé qu'il ne paye point, car à son avis
payer ses dettes, c'est deroger honteusement aux
preeminences de sa charge. Et la persecution est
venuë jusques à ce poinct, que ne trouvant plus
d'Huissier dans tout le Bailliage qui voulust rien
faire pour l'Hospital, il a falu acheter vn office
de Sergent, & par vengeance tous les jours on
trouve des expediens pour tourmenter le malheureux qui en est pourveû.

Voilà les plus chers amis des Rebelles, & les
bons amis de la Maison. A dire vray, elles en tirent de merveilleuses commoditez ; ils les aver-
tissent de ce qui se passe ; ils leur donnent de sages conseils ; c'est par eux que les lettres, que les
messages vont & viennent, le grand secours
pour des Filles qui sont si friandes de nouvelles.
Il se void par le proces de Sœur Anne Pasquier
de Saincte Therese, qu'elle donne ordre à vne
femme qui luy servoit à tout ce negoce, de s'aller plaindre à Messieurs les Collarts ( ce sont les
termes ) si on luy refuse l'entrée de l'Hospital.
Ne cherchez plus les protecteurs de la cabale, ce
sont Messieurs les Collarts ; c'est cét Advocat du
Roy qui paye si bien ses rentes ; ce sont ses freres, ses cousins, c'est toute sa parenté.

Les Directeurs & les Confesseurs sont au se-

cond rang, il y en a de toutes ſortes, des Religieux, des Curez, des Preſtres, des Docteurs en
Theologie. Madame la Superieure prenoit vn
grand ſoin des directions, & de ces retraites qui
ſe pratiquent dans les Cloiſtres, comme en forme de miſſions, où deux fois le jour on preſche.
Elle cherchoit par tout des hommes celebres,
pour travailler à ces retraites & à ces directions.
Qu'eſt-ce que tout ce grand ſoin a produit, rien
que ſcandale, qu'emportement & qu'orgueil. Elles ſortoient d'vne retraite, quand à la Profeſſion
de Sœur des Anges, à la veuë du St Sacrement,
en preſence du Dieu de paix, elles troublerent ſi
inſolemment vne ſi ſaincte Ceremonie. Les levres de l'inſenſé le meinent dans le précipice,
dit le Sage. Ces longs entretiens, ces frequentes
conferences, ſont la peſte, le poiſon mortel de
la diſcipline. La mort qui n'a pû entrer par les
portes, monte là par les feneſtres, comme parle
le Prophete. Sœur Charlotte Petitpied de la
Trinité, a eu deux ans vn Benedictin pour Directeur, qui luy a malheureuſement inſpiré toute
l'amertume qu'elle a dans le cœur. On ne ſçait
que faire en ces rencontres : s'il eſt faſcheux de
ſcandaliſer vn Preſtre, vn Religieux, vn homme
qui a le dehors d'vn Sainct, c'eſt vne choſe terrible que de tomber entre les mains du Dieu vi-
vant, & de voir perdre à ſes yeux des oüailles
dont

*Labia inſipientis præcipitabunt eum. Eccleſiaſt. cap. 10. n. 12.*

*Aſcendit mors per feneſtras. Ierem. cap. 9. n. 21.*

dont on doit vn jour rendre compte. C'eſt dans
le ſecret de ces damnables directions que les Revoltées ont appris à fouler aux pieds le ſacré vœu
d'obedience ; à meſpriſer les inſtructions & les
ordres de leur Archeveſque ; à ſe mocquer de ſes
foudres, & de toute la terreur des anathemes.
C'eſt là qu'elles ont appris qu'on peut ſans con-
feſſion, & avec vn peu d'eau beniſte communier
ſans ſcrupule, apres avoir indignement profa-
né le Sanctuaire, & tout ce que l'obſervance
Religieuſe a de plus ſainct, ou de plus inviolable.

*Les Revoltées com-
munierent ainſi le
lendemain de la
Profeſſion de Sœur
Felix de S. Roch.*

Voulez-vous voir ce que c'eſt que ces Directeurs, voicy vne lettre de l'vn d'eux.

*Ma chere, je ſuis faſché de vous voir malade ; man-
dez-moy ſouvent de voſtre ſanté, car autrement je ſerois
fort inquieté : mais ne doutez pas de la conſtance de mon
amitié en voſtre endroit ; ſi je ne vous ay pas eſcrit, c'eſt
que je ne l'ay pas pû faire manquant d'occaſion, ou attendant quelque ſujet propre. Mais ne me mandez jamais
que je ſuis en cholere contre vous, car je vous aime en
Dieu autant qu'on peut aimer vne perſonne pour tout
faire pour vous.*

*La Lettre tomba de
la poche de la Reli-
gieuſe, & on con-
noiſt l'eſcriture
qu'à vn beſoin
meſme on pourroit
verifier.*

Ma chere, ces inquietudes, ces impatiences,
ces proteſtations d'vne conſtante amitié, ſont
certainement d'vn bon exemple. Le billet eſt
ſans adreſſe, ſans date & ſans nom. A ce que je
voy on les fait à Pontoiſe à peu pres comme à

K

Paris. S'il n'escrit pas à sa chere aussi souvent que luy & elle le desirent, c'est faute d'occasion. Il l'aime, & autant qu'on peut aimer, mais en Dieu; ce petit mot sauve tout. Il est prest de tout entreprendre & de tout faire pour elle. Il se void mesme par vne autre lettre de ce *constant en amitié*, qu'il est le Facteur des Revoltées, & que c'est luy qui fait tenir & qui reçoit tous leurs pacquets; n'est-ce pas là vn bel employ, & de grande edification. Voilà ces bons Directeurs. Et si vous pensez, si vous osez rompre ce commerce criminel, voilà ces hommes à la face exterminée qui vous deschirent: *C'est vne enragée; c'est vn bourreau, ses cruautez feront mourir ou perdre l'esprit à ses Filles.* Voilà ce qui fait parler & avec tant de chaleur *le Capucin de Monceaux.* C'est la source malheureuse de tant de scandales; vn Perturbateur d'vne saincte Congregation, sous l'habit d'vn Religieux, d'vn Prestre, d'vn Confesseur, met le feu par tout, & la Maison est presque en cendres, avant qu'on ose seulement se desfier de la main perfide qui fait en secret tous ces ravages.

Il y a plus, & je ne puis passer sous silence de petites particularitez, qui ont beaucoup contribué à tous ces desordres. Il y a quelques années que Sœur Marie de Sainct Michel, à la persuasion d'vn Docteur qui est son parent

*Ce mesme Directeur faisoit tenir les lettres des Revoltées. Prouvé par vne lettre.*

ou son allié , & frere de l'vne des Revoltées, voulut quitter l'Hostel-Dieu pour aller à Port-Royal. On remua ciel & terre pour cette translation , qui fut poursuivie avec tant d'ardeur, qu'il falut mesme pour l'empescher, que la Reine Mere en escrivit à Mr l'Archevesque de Rouën. Ce coup manqua donc, & la Fille, de despit s'en est jettée dans *le party vertueux*. Le Docteur a creû que Madame la Superieure avoit travaillé secretement à cét ouvrage. Ie ne sçay ce qui en est, mais à son esgard cette Fille seroit pour le moins aussi-bien à Port-Royal qu'à l'Hostel-Dieu. Voicy vn autre sujet de douleur. On sçait le bruit que le Formulaire a fait dans toute la France ; il y eut dans la Maison de sourdes pratiques pour en empescher, ou du moins pour en reculer la signature. Mais malgré tous ces obstacles aussi-tost que Madame la Superieure en eut receû l'ordre de son Archevesque, elle le fit non seulement souscrire à toute sa Communauté : mais on pretend que ce fut encore à sa sollicitation qu'vn des Curez de la Ville le signa. On pretend mesme, quoy qu'à tort, qu'elle a quelque part à la prison du celebre Curé de Triel. C'est ainsi que la chaleur , que le feu des disputes & des questions du Siecle, s'est meslé dans la tempeste des directions.

Mais l'audace, mais l'orgueil, le libertinage

des Revoltées, ſont les maudits fondemens de cette tour de Babel. C'eſt ſur ces maudites diſpoſitions interieures que les habitans de Pontoiſe, que les Directeurs ont travaillé. Sœur Renée de St Alexis, & ſes cheres Confidentes, veulent dominer dans la Maiſon, & mettre à leurs piez ce que Dieu a mis ſur leur teſte. Delà viennent ces furtives aſſemblées, ces longs entretiens dans les chambres les vnes des autres. Si on veut ſçavoir quels ſont leurs deſſeins, quel eſt leur eſprit: il ne faut que lire le procés verbal du Pere Meiage, ce ne ſont que plaintes & que demandes inſolentes. On les verra en plein Chapitre à la face du Viſiteur, reſiſter tout ouvertement aux ordres de leur Archeveſque. On y verra toutes les irreverences qu'elles commettent dans l'Egliſe à la veuë du Sainct Sacrement, au milieu d'vne ſaincte Ceremonie. Il ne faut que lire le proces verbal de la Profeſſion de Sœur Felix de Sainct Roch, on verra des Filles comme forcenées s'eſcrier en confuſion, appeller le peuple, & s'abandonner à toutes les extravagances d'vne fureur ſacrilege. Il ne faut enfin que lire ce libelle infame que je vais examiner : on y verra toute l'impudence de la calomnie, toute l'eſcume de leur rage, tout le venin de leur ame.

Mais qui pourroit voir ce qui ſe paſſe dans l'enceinte & dans le ſecret de la Maiſon ; ce qui

Il eſt du premier Septembre 1663.

se passe dans les assemblées capitulaires, à la table, dans l'Eglise; les bravades, les mespris, les
paroles audacieuses, les gestes, les signes de teste,
les menaces, les mesdisances, & tout ce qu'vn
damnable orgueil envenimé par la haine, peut
produire de plus amer: Qui pourroit voir toutes
ces choses, confesseroit que le dedans est pire
encore que le dehors. Sœur Marie Barbere de
S<sup>t</sup> Iacques eut la hardiesse de dire vn jour, que
Madame la Superieure avoit pluftoft Satan pour
pere que S<sup>t</sup> Augustin: Ce peut-il rien de plus outrageux? Dans l'assemblée qui se tint pour Sœur
Felix de S<sup>t</sup> Roch, Sœur Charlotte Petitpied de la
Trinité, demanda pardon en plein Chapitre du
mauvais exemple qu'elle avoit donné à la Congregation, en obeïssant depuis deux ans à la
charte de son Archevesque: Quelle extravagance, mais quelle audace! Feu Monsieur le President de Guenegaud a legué douze mille escus à
l'Hospital, Madame la Superieure en reconnois-
sance de ce bienfait, ordonna qu'au prié-Dieu
des malades, qui se fait soir & matin, on diroit
pour luy vn *De profundis;* Sœur Anne de Caën de
S<sup>te</sup> Agathe, & quelques autres, en murmurerent,
& dirent tout haut, qu'elles aimeroient mieux
qu'on ne leur eust rien laissé; Quelle ingratitude,
quelle fureur! n'est-ce pas pour vne Religieuse
vn grand fardeau qu'vn *De profundis?* Voilà ces

illuminées: voilà ces Filles qui ſe prennent pour des Martyres, & qui ſe donnent l'vn à l'autre de l'encens ſous vn nom ſi glorieux.

Mais je ne puis en cét endroit paſſer ſous ſilence la Requeſte à la Reine Mere, que les Rebelles ont toutes ſignée. L'original par je ne ſçay quel mal-entendu, ou pour mieux dire, par vne ſecrete conduite de la Providence, eſt maintenant entre les mains de Madame la Superieure. Là elles ſe plaignent de leur Archeveſque; elles ſe plaignent des rigoureux traitemens de la Prieure, qui ont, diſent-elles, fait desja perdre l'eſprit à l'vne d'elles, ( c'eſt de Sœur Anne Paſquier de S<sup>te</sup> Thereſe qu'elles parlent. ) Et apres avoir fait comme vn abregé de tout le libelle que nous allons examiner, voicy les concluſions qu'elles prennent. *Les Suppliantes, en attendant que le Roy leur face juſtice, eſperent que voſtre Majeſté employera ſon authorité pour les pourvoir de quelque ſaincte Fille de l'Ordre des Hoſpitalieres, ou de celuy de la Viſitation, pour les gouverner au lieu de leur Prieure, & le reſte.* C'eſt-à-dire qu'en attendant que le proces ſe puiſſe juger, elles ſupplient ſa Majeſté de condamner leur Prieure. Qu'il eſt bien vray que la haine ne marche que dans les tenebres! Se perſuader qu'vne grande Reine, dont la vertu, dont la pieté eſt ſi connuë dans toute l'Europe, ou pluſtoſt dans tout le Monde, ſur la parole de vingt Filles forcenées , fera la plus odieuſe de toutes les injuſtices , fut-il jamais rien de plus abſurde ? Mais peut-on voir, peut-on lire ſans horreur vne Requeſte ſi inſolente ?

Ce ne ſeroit jamais fait, ſi on vouloit dire icy en particulier & en general toutes les ſaillies & tous les emportemens des Revoltées. Les protections qu'elles ont dans le Parlement, ont ſans doute contribué quelque choſe à leur orgueil. Vn parent, vn frere, vn beau-frere, a pû aiſément eſtre ſurpris , & d'autant plus que la Nature aide à le tromper ; le temps leur déſillera les yeux , & diſſipera tous les nuages qui maintenant obſcurciſſent la verité. Ie ne doute point qu'alors ils ne condamnent eux-meſme, ces honteux déreglemens que par erreur ils ont en quelque ſorte fomentez.

Ie viens maintenant à cette plainte des Pauvres, que les Pauvres ne firent jamais. Commençons par la Preface.

*Dieu n'eſt plus glorifié dans la Maiſon comme il eſtoit* Libelle. *auparavant ces troubles.* A l'eſgard des Revoltées rien n'eſt plus vray. Mais pour le reſte il n'y a rien de changé.

*Le ſervice des Pauvres en ſouffre vn notable preju-* Libelle. *dice.* Les malades ſont ſervis comme ils l'ont tousjours eſté. Ie veux bien croire que les Revoltées ne ſe tuent pas de les ſervir ; & des

Filles qui ſe ſentent fatiguées d'vn *De profundis,* ne ſont pas pour ſe donner beaucoup de peine.

*Et cette aſſemblée de Vierges, qui ne devroit eſtre gouvernée que par l'Eſprit de Paix, eſt à tous momens agitée des convulſions de la diſcorde.* Ie ne ſçay pas ſi les Fricaſſeurs de Pontoiſe firent quelque *qui pro quo,* mais il eſt certain qu'à la ſortie de Madame Dorat de Longchamp, ces convulſions commencerent, & travaillent encore aujourd'huy les Revoltées.

*La Prieure eſt à la teſte de l'vn des partis ; l'autre n'a point de chef viſible, mais il pretend en avoir vn inviſible, qui eſt le meſme que celuy de l'Egliſe vniverſelle.* Pour Satan cela pourroit eſtre ; mais vn parti où on communie ſans ſe confeſſer, où l'humilité, où l'obeïſſance ſont des vertus dont on ſe mocque, que Iesvs Christ en ſoit le Chef, qui le croira ? Cependant voicy vne belle declaration. De Chef viſible on n'en connoiſt plus ; Madame la Superieure, Mʳ l'Archeveſque, le Pape meſme, on n'en veut point.

*Il y a vn troiſieſme party, qui eſt le Pauvre, le ſeul & legitime proprietaire du bien qui fait la conteſtation des deux autres.* Ie ne ſçay pas ſi les Revoltées ont quelques pretenſions ſur le bien de l'Hoſpital ; mais Madame la Superieure conſtament n'y pretend rien.

En ſuite de la Preface le libelle entre dans les queſtions

queſtions du Scrutin & de la pluralité des voix à l'eſgard du Noviciat ou de la Profeſſion des Aſpirantes, mais delicatement & preſque ſans y toucher. Car il parle du Scrutin des poix & des feves, comme s'il n'y avoit point d'autre Scrutin dans l'Egliſe. On a monſtré le contraire. Il parle des nouveaux Statuts, & ne parle point des anciennes Conſtitutions de Sainct Louis, qui ſont pourtant la ſeule loy qui doit regler les parties. La regle de droict qu'il allegue, eſt contre luy; car par cette regle il n'y a que Sainct Louïs ou le Roy, qui tient ſa place, qui ait pû changer ſes Conſtitutions, le Pape meſme n'y a pû toucher, & n'y a point en effet touché, comme on l'a fait voir. Ces deux Decretales [a] ſi preciſes qu'il allegue, ſans toutefois les cotter, ſont citées fort mal-à-propos : car premierement c'eſt confondre les Eſlections des Eveſques, des Abbez ou des Abbeſſes, avec la creation [b] d'vn Religieux ou d'vne Religieuſe, comme parlent les Canoniſtes, & on a fait voir que ce ſont deux choſes toutes differentes. En ſecond lieu cette couſtume pernicieuſe abolie par le Pape dans la premiere de ces Decretales, eſtoit contre toutes les regles, en ce qu'vn meſme homme donnoit ſa voix à deux perſonnes, & que d'ailleurs on oſtoit au Monaſtere le droit d'eſlire, qui notoirement luy appartenoit, pour le donner, par cette cou-

*Vnumquodque diſſolvitur eo modo quo contractum eſt. de reg.*

[a] *Le chap.* Cum terra. 94 *& le chap.* Auditis 29. *de elect.*

[b] *Vide cap. vlt. de regular. in 6. & ibi Glo. & Doctores.*

L

ftume extravagante à vn Patriarche, ou à vn Prince feculier. Mais il n'y a rien de tout cela dans la charte dont on fe plaint; & l'ordre qu'elle eftablit, c'eft l'ordre qui s'obfervoit anciennement dans l'Hofpital ; c'eft l'ordre que le Concile de Trente a prefcrit, c'eft l'ordre qui eft fuivi dans tout le Diocefe, & prefque dans toute l'Eglife.

*En fuite des defordres de la Profeffion de Sœur Felix de Hallot, elles ont efté maltraitées ( c'eft des Rebelles qu'il parle. ) On les a privées de la vifite de leurs parens, & de leurs Peres fpirituels. On leur a dénié l'vfage de la Confeffion & de plufieurs chofes neceffaires à la vie, & les remedes ordinaires ont efté refufez aux malades.*

Où eft la preuve, où eft l'apparence de toutes ces plaintes? Les Revoltées n'ont que trop entretenu leurs parens. Le procés verbal du Pere Meige, nous fait voir qu'on a permis à Monfieur du Bois Menillet, pendant la vifite, d'entretenir trois heures durant Sœur Renée de St Alexis, quoy que dans les regles les Parlouërs, dans le temps de la vifite, doivent indifpenfablement eftre fermez. A l'efgard des Peres fpirituels & de la confeffion, je n'en dis rien, parce qu'on a refpondu à ces calomnies par vn Memoire [a] fait exprès pour ce fujet. Quant à ces neceffitez de la vie, & à ces remedes, qu'on a refufez, à lire ces plaintes, on croiroit que toutes font mortes ou de faim,

*Libelle.*

[a] *Memoire pour fervir de refponfe aux calomnies inferées dans l'expofé d'vn Arreft du Confeil, donné fur Requefte, le 7. Avril 1664.*

ou de maladie. Cinq ou six des Revoltées, qui avoient vn peu de rheume, vouloient se faire saigner par precaution, & manger de la viande le Vendredy & le Samedy. Madame la Superieure leur refusa l'vn & l'autre; parce qu'en effet, elle sçavoir que l'vn & l'autre n'estoit qu'vne simple delicatesse, & que par les Constitutions de S<sup>t</sup> Louïs, *les Religieuses se peuvent faire saigner six fois* chap. 10. *l'année, à Noël, vers le commencement de Caresme, à Pasque, à la Sainct Pierre, en Aoust, & à la Toussaincts.* Hors delà, si ce n'est par grande necessité, les saignées leur sont deffenduës.

Voyons les autres inhumanitez de la Mere Superieure. *Elles ont esté surchargées de penitences sans* Libelle. *sujet, & on s'est porté jusques à cét exces à l'endroit de l'vne d'elles, que de luy faire souffrir vne espece de chastiment, dont il n'estoit pas autrefois permis d'vser en la personne des Citoyens Romains.*

*En la personne des Citoyens Romains.* La belle erudition! Qu'elle sera la bien venuë dans tous les Colleges? quelle joye, quelle benediction pour la jeunesse mal morigenée? Sainct Louïs dans chap. 16. 17. & 18. ses Constitutions, ordonne des disciplines & fort severes. S<sup>t</sup> Augustin dans sa Regle: S<sup>t</sup> Benoist, tous les Instituteurs d'Ordre en parlent. S<sup>t</sup> Donat compte mesme tous les coups de discipline qui se donneront pour chaque faute. Quoy, S<sup>t</sup> Louïs? Quoy, ces grands Evesques; ces grands

Fondateurs de la vie reguliere, n'ont-ils point
ſongé qu'il n'eſtoit pas autrefois permis de fouët-
ter vn Bourgeois de Rome ? Mais pour dire icy
& en trois paroles vne hiſtoire ſi tragique, Sœur
Marie de Sᵗᵉ Scholaſtique eſtoit toute nouvelle
Profeſſe, les Revoltées qui avoient meſme fait
effort pour traverſer ſa Profeſſion, font ſi bien
qu'ils la gagnent, & ſe ſervent d'elle pour ſuborner Sœur Marguerite Felix de Sᵗ Roch, & la porter ou à quitter la Maiſon, ou à prendre le parti
des Revoltées. Madame la Superieure, qui eut
avis de cette ſourde pratique, envoye querir par
quatre fois ce Tentateur, par quatre fois il refu-
ſe d'obeïr. Voilà vne eſtrange deſobeiſſance. Madame la Superieure eſt contrainte d'aller au Noviciat: là on l'interroge, elle nie tout: on la pref-
ſe, elle perſiſte. Voilà vn menſonge bien obſti-
né. Enfin elle eſt convaincuë par le teſmoignage
de quelques Religieuſes, & meſme par la depo-
ſition de la Novice. Voilà vn grand crime que
les Conciles ᵃ & les Canons chargent d'Anathemes. Sᵗ Louïs dans ſes Conſtitutions, pour de
moindres fautes, ordonne quarante jours de diſcipline en pleine Communauté. Au lieu de cette rigueur on en donne vne ſeule à la Neophyte
& en preſence de ſes Compagnes. Voilà veritablement vne cruelle Superieure.

Mais pour vuider tout le chapitre des Peni-

ᵃ *Can.* Hoc ſan-
ctum. *vlt. ca.* 32.
*quæſt.* 2. *Le Conci-
le de Trente Seſſ.*
25. *chap.* 18.

tences, Sœur Anne Pasquier de S<sup>te</sup> Therese, a
esté, comme il est dit cy-dessus, condamnée
dans toutes les formes: l'attentat qu'elle com-
mit, est horrible, & d'autant plus que par son
Interrogatoire ª elle reconnoist elle-mesme que ⸱ *folio* 11. *verso.*
Madame de Guenegaud, le Vendredy Sainct pre-
cedent, pour se reconcilier avec elle en ce sainct
jour, luy demanda *à genoux* la paix & son amitié. On ne void d'ailleurs dans tout le proces
que desobéissance, que dereglement, que faction, que menaces insolentes. Monsieur l'Abbé de la Lane ne voulut pas s'en croire tout seul,
il prit l'avis de quatre Docteurs, ou Religieux
de grande reputation, de Monsieur l'Abbé de la
Charmoye, Proviseur du College des Bernar-
dins, de Monsieur le Prieur de S<sup>te</sup> Geneviefve,
de Monsieur Pereyret, Grand-Maistre du College de Navarre, & enfin du celebre Monsieur
Cornet. Voilà les hommes qui ont jugé Sœur
Anne de S<sup>te</sup> Therese digne de trois ans de prison, & des autres peines, que la Sentence pro-
nonce contre elle. Ce n'est pas tout, en 1651. lors
que le temps de sa prison s'en alloit fini, Monsieur Pereyret fut commis par feu M<sup>r</sup> l'Archevesque, pour l'examiner, pour juger de l'assiette
de son ame; il entendit les Religieuses qui en
avoient eu le gouvernement; il veid les lettres,
il veid les memoires qu'elle avoit escrits de sa

main dans la priſon ; il l'interrogea elle-meſme ſur
ces lettres, ſur ces memoires, ſur les depoſitions de
ſes Gouvernantes. Tout le reſte ſeroit trop long
à rapporter, mais apres tout cét examen voicy ce
qu'il prononça. *Nous jugeons que quant à preſent
pour ſon bien & pour la paix de la Maiſon, elle ne doit
eſtre miſe en liberté , & hors de ſa priſon ; ordonnons
qu'elle y continuëra ſa demeure juſques à ce qu'elle ſoit en
eſtat & en diſpoſition de faire les fruits d'vne veritable
penitence,* & le reſte. On void par là que ce cœur
impenitent n'avoit fait que s'endurcir dans la
priſon. Il eſt bien vray que cette Fille malheureuſe a depuis perdu l'eſprit, ſoit qu'elle euſt desja & de longue main de naturelles diſpoſitions à
l'extravagance , ou pluſtoſt que ce deſaſtre ſoit
vn juſte chaſtiment du Ciel. Quoy qu'il en ſoit, le
Capucin de Monceaux peut crier *à la Barbare* tant
qu'il luy plaira : Madame de Guenegaud n'eſt
reſponſable ny des Iugemens de Dieu , ny des
deſordres de la Nature.

Voyons les autres Penitences. Sœur Anne
d'Andrieu de S.t André , qui du temps de feu Madame Dampont avoit eſté empriſonnée cinq ou
ſix fois, fut renfermée pour quelques jours dans
vne chambre du Dortoir. Et pourquoy? pour vne
rebellion manifeſte, meſlée de ſedition , ſept ou
huit des Revoltées s'eſtant jointes avec elle. Les
Sœurs de S.t Raphaël & de S.te Monique ont eſté

remifes au Noviciat pour des fautes qui meri-
toient de plus grandes punitions. Quant à Sœur
Charlotte Petitpied de la Trinité, elle eſtoit Mai-
ſtreſſe des Novices. Voicy les belles inſtructions
& les beaux exemples qu'elle leur donne. Elle
leur deſcrie & la Maiſon & la Prieure ; elle trouble leur vocation par des ſcrupules qu'elle leur
inſpire ; elle eſcrit meſme à leurs parens que
l'Hoſpital eſt vn Enfer ; elle leur apprend à ne
reſpecter ny la Mere Superieure, ny les Meres
Anciennes ; elle leur apprend à eſcrire ſans permiſſion & en cachette ; elle leur revele tous les
ſecrets du Chapitre ; elle excite de jeunes Profeſ-
ſes à l'apoſtaſie, en leur rendant leur Profeſſion
ſuſpecte. Voilà l'vne de ces Innocentes *qu'on a* *La Sentence eſt au proces, elle eſt du 13. Iuin 1663.*
*ſurchargées de penitences ſans ſujet.* Son proces luy
fut fait dans toutes les formes, entre-autres peines, on luy oſte le gouvernement des Novices ;
n'eſt-ce pas là vne Sentence bien injuſte ?

Mais avant que de quitter cét article, je ne
puis paſſer ſous ſilence deux conſiderations bien
importantes. La premiere, qu'en toutes ces penitences qu'on calomnie aujourd'huy, Madame
la Superieure n'a rien fait qu'avec conſeil. Les
Conſtitutions de Sainct Louïs luy donnent toute
la puiſſance des corrections, mais en ces rencontres elle prend tousjours l'avis des Diſcrettes &
des Meres Anciennes. La ſeconde conſideration,

que depuis plus de dix-huit ans qu'elle est Prieure, elle n'a fait donner que deux disciplines. Madame Dampont en autant de temps en a fait
donner plus de soixante, & les donnoit mesme
assez souvent de sa propre main, comme entre
autres aux Sœurs de S<sup>t</sup> Alexis, de S<sup>te</sup> Aldegonde,
de l'Assomption, de S<sup>t</sup> Iacques & de S<sup>t</sup> André. Et
si l'erudition du libelle les chagrine, leur fait mal
au cœur, je veux bien leur dire icy pour les con-
soler, que le temps passé n'est plus, & que maintenant dans Rome mesme on fouëtte vn Romain
comme vn autre homme.

*Ces cruelles violences ayant contraint ces pauvres af-*
*fligées de se resoudre d'avoir recours au bras seculier, sur*
*l'avis que M<sup>r</sup> l'Archevesque en eut, il leur promit*
*d'interposer son authorité pour les faire cesser. Mais au*
*lieu de leur envoyer quelque personnage non suspect, &*
*qui fust* omni exceptione major, *il a deputé pour fai-*
*re la visite le Pere Meige : elles ont fait leurs remon-*
*strances sur cette nomination, il n'y a point eu d'esgard.*

Le Pere Meige est vn Docteur en Theologie,
de l'Ordre des Dominicains, que Sainct Louïs
avoit en grande veneration, & dont il parle mesme dans ses Constitutions <sup>a</sup>, il ne fut nommé
qu'à la priere de Monsieur Dorat & de Monsieur
du Bois Menillet, qui le choisirent, sur ce qu'ils
sçavoient qu'il avoit eu quelque petit demeslé
avec Madame la Superieure : les Revoltées par

phantaisie

*Libelle.*

a *chap.* 2.

phantaifie en prirent pourtant de l'ombrage, elles
en efcrivirent à leur Archevefque, mais comme
tous leurs foupçons eftoient fans raifon, il ne fe
creût pas obligé de deferer à leur caprice. Le Pere Meige en arrivant à l'Hofpital, apporta à
Sœur Renée de St Alexis vne lettre de Mr fon
frere. Cette lettre tout à coup les fait revenir; cét
homme fufpect, il n'y a prefque qu'vn moment,
eft receû comme l'envoyé du Ciel, elles paffent
avec luy en troupe des aprefdifnées entieres.
Quand on leût fa Commiffion à la Grille, toutes
d'vne voix protefterent de luy obeïr. Mais ce
calme ne dura guere. L'infenfé change comme la
Lune, dit le Sage. Auffi-toft qu'on reconnoift
que ce Vifiteur fait fon devoir; que cette petite
mefintelligence dont on avoit tout efperé, ne
luy a point ofté l'efprit de juftice, alors on fe def-
chaifne contre luy.

*Stultus ficut luna mutatur. Ecclefiaftici cap. 27. n. 12.*

*Ce Vifiteur apres les avoir interrogées, communique* *Libelle.*
*à la Prieure leurs depofitions, dont le fecret n'eft guere*
*moins facré que celuy de la Confeffion, & ayant concer-*
*té avec elle ce qu'elle devoit exiger de Monfieur l'Ar-*
*chevefque pour l'authorifer de tout point; en vertu d'v-*
*ne nouvelle Ordonnance dudit Seigneur, il a publique-*
*ment admis de nouveau à la Profeffion la Sœur de Hal-*
*lot, fans vouloir deferer aux oppofitions & proteftations*
*reïterées de la plus grande & plus faine partie de la*
*Communauté.*

M

Pour la plus grande je n'en doute pas ; mais la plus saine partie, si cela est vray, la Communauté est bien malade. Voicy donc vn meschant homme ; mais où est la preuve de ce concert, de ce secret, de ce depost violé? Ce qu'il y a de constant à cét esgard, c'est que les Rebelles ont voulu avoir vne copie des depositions de toutes les Religieuses, que le Pere Visiteur leur refusa : & ce refus est vne des plaintes qu'elles font de luy par cét acte du 11. Octobre, dont il est cy-dessus parlé.

*Il a accompagné cette violente action d'vn Sermon dans lequel il a traitté ces pauvres persecutées de Vierges folles, de Cabalistes & de Revoltées ; & la journée de cette grande action s'est terminée par vne grande collation qui luy a esté faite dans la chambre de la Prieure, apres y avoir passé toute l'apresdisnée.* Cette violente action c'est d'avoir executé l'Ordonnance de leur Archevesque ; cette grande collation, ce sont trois grappes de raisin, vne poire, vne pomme, & vn biscuit dans vne petite pourcelaine, & vne bouëste de prunes. Cette grande collation estoit portée par vne seule Religieuse, qui tenoit la pourcelaine d'vne main, & de l'autre la bouëste de confiture, & le Pere ne toucha pas seulement à ce superbe cadeau. Quant au Sermon il estoit plein de sainctes instructions. Le Pere y parla de la revolte des Anges ; il dit que l'orgueil avoit perdu ces creatures si excellentes; il fit voir que l'humilité estoit la mere de la concorde; mais tout cela en general & sans designer personne. Il est bien croyable, à la verité, que les assistans qui veirent les saillies des Rebelles, penserent tout ce que le libelle fait dire au Predicateur.

*On l'a veû danser dans cette chambre ; il a esté regalé* Libelle. *de la compagnie des plus agreables Confidentes de la Prieure, & des plus jolies Pensionnaires, avec lesquelles son Compagnon s'est licencié de prendre des libertez qui ne se souffrent pas dans les familles des seculiers, où les regles de l'honnesteté sont exactement observées.* La fable est non seulement impudente, mais ridicule. Qu'à portes ouvertes dans vne Maison toute divisée, où toutes les Seditieuses sont à cét esgard autant d'Espions, deux Prestres, deux Religieux desja sur l'âge, l'vn danse, l'autre badine avec des enfans, on ne peut rien imaginer de plus effronté, ny de plus extravagant. Mais admirez la metamorphose. Il n'y a rien que le Pere estoit vn homme admirable ; c'est tout à coup vn danseur, vn parasite, vn Predicateur scandaleux, vn Visiteur sans conscience, sans foy ; & tout cela, parce qu'il ne veut ny opprimer l'innocence, ny proteger la revolte.

Ie laisse à part les deux passages de l'Apostre, Inimicos crucis<br>Christi quorum<br>finis interitus, quo- où le libelle a trouvé sans y penser, le portrait des Revoltées, hors que je ne ſçay pas bien ſi c'eſt leur ventre ou leur vanité qui eſt leur Dieu.

*La veritable cauſe de ces funeſtes diviſions, eſt la diſſipation du bien de l'Hoſpital en feſtins & en luxe. Ce ſont les promenades de la Prieure, ſes divertiſſemens (on dit ailleurs ſes* [a] *deſbauches) ſon jeu, ſa bonne chere, ſa muſique, ſon pot, ſa cuiſine, & les parties de ſon Rotiſſeur.*

Quand Madame de Guenegaud a pris la conduite de l'Hoſpital, il n'avoit pas dix mille livres de rente, il en a preſentement pres de dix-huit. L'Hoſpital devoit ſept à huit mille livres, aujourd'huy il ne doit rien. Les voûtes [b] de l'Egliſe tomboient, il pleuvoit par tout dans la Maiſon, & les fermes de la campagne n'eſtoient pas en meilleur ordre ; maintenant tout eſt reſtabli, tout eſt maintenant en tres-bon eſtat. Le deſbordement des eaux en 1658. fit vn [c] degaſt de vingt-cinq mille livres ; tout cela eſt reparé. Les rentes, les plus beaux droits de l'Hoſpital eſtoient comme aneantis, il a fallu pour y rentrer, ſouſtenir de grands proces, & faire de grandes deſpenſes ; l'Hoſpital jouit à preſent de tous ces droits, de toutes ces rentes ou peu s'en faut, & pour fournir à tant de frais n'a rien emprunté. Au contraire, il a acquis pour douze à treize cens liures de rente conſtituées ; il a acquis vn fief & des heritages à Cormeil, dont on tire huit cens cinquante livres tous les ans. Eſt-ce là donc diſ-

rum Deus venter eſt & gloria, *ad Philipp.cap.3.n.*18. *&* 19. Rogo vos fratres vt obſeruetis eos qui diſſenſiones & offendicula faciunt &c. *ad Rom.cap.*16.*n.*27.

[a] Pour ſatisfaire à ſes desbauches, *p.*10. *du libelle ſur la fin.*

[b] *Les proces verbaux & les rapports de viſitation, juſtifient ces choſes.*

[c] *Le proces verbal de Monſieur de Saveuſe juſtifie ce fait.*

siper le bien des Pauvres ? Quel renversement de
paroles, ou pluftoft quel renverfement de raiſon ? Vn reproche fi abſurde, que tant de fi illuftres monumens démentent, eſt vne marque
bien déplorable d'vn aveuglement malheureux,
& d'vn ſens bien reprouvé. Madame de Guenegaud dans ces grands ouvrages d'œconomie n'a
confideré que l'Eſpoux divin, qui tient ſon cœur
& toutes ſes affections. Mais cét immortel Eſpoux, qui a beni ſes travaux, a voulu ce ſemble,
& en quelque forte, par la bouche meſme de
l'envie, de l'impoſture, la glorifier devant les hommes, elle & toute ſa parenté.

Car pour dire icy tout le detail d'vne diſpenſa-
tion fi fainéte, feu Monſieur le Preſident de Guenegaud a legué douze mille eſcus à l'Hoſpital.
Elle y a elle-meſme porté en dote la valeur de
dix mille livres, & quatre cens cinquante livres
de penſion, qu'elle laiſſe aux Pauvres fans y toucher, ſans en rien prendre pour ſon vſage ou
pour ſa commodité. Monſieur de Guenegaud S<sup>t</sup>
Robert y fait tous les ans vne aumoſne confide-
rable. Il y a quelques années qu'elle tira par vne
eſpece de queſte dans ſa famille pour plus de
douze cens livres de linges : Ses deux niepces,
Sœur Marie de S<sup>t</sup> Iean, & Sœur Iſabelle de S<sup>te</sup>
Placide, ont apporté quarante-quatre mille li-
vres en meubles ou en argent, & mille livres de

penſion. Tellement que l'Hoſtel-Dieu juſques icy a tiré ou d'elle, ou de ſes proches, plus de quarante mille eſcus, ſans compter toutes les faveurs qu'elle a meſnagées dans les rencontres, & que la Maiſon a receuës de Meſſieurs ſes freres, de Meſdames ſes ſœurs, & de ſes autres parens. Voilà les ſources, les mines d'or qui ont enrichi les Pauvres, qui ont accreû leur patrimoine, & reparé toutes les breſches que le temps & la fortune ont pû luy faire depuis tant de Siecles. On doit ſans doute ce reſmoignage & aux vivans & aux morts. Cét eſtat ſi floriſſant, où cette ſaincte Maiſon ſe void aujourd'huy du moins au dehors, c'eſt le fruit de la pieté d'vne famille toute ſeule; c'eſt le fruit d'vne adminiſtration ſage & fidele; c'eſt l'ouvrage d'vne Fille divinement inſpirée, & née, ce ſemble, pour la reſtauration d'vn Temple fondé ſi heureuſement, & par des mains ſi auguſtes.

Mais s'il n'y a point de diſſipation, où eſt ce luxe, où ſont ces feſtins, qui font toute cette chimerique diſſipation; où ſeront ces promenades de la campagne, ces divertiſſemens du jeu, de la bonne chere, cette cuiſine, ce pot à part, ces monſtrueuſes parties du Rotiſſeur? Il falloit mieux debuter pour rendre plauſibles toutes ces fables ridicules qui ſe deſtruiſent d'elles-meſmes. Madame la Superieure n'eſt jamais ſortie que

pour les importantes affaires de la Maison. Elle
est venuë à Paris pour y solliciter les divers proces que les habitans de Pontoise luy ont faits.
Comme il n'y a point d'Hospitalieres en France
qui n'ayent vne maison à la campagne, elle est
allée à Auvers, qui n'est qu'à vne lieuë de son
Monastere, pour voir elle-mesme l'estat des lieux
& donner ordre à les reparer. Depuis elle y a encore fait deux ou trois voyages pour sa santé, &
par l'avis de son Medecin ; & ces voyages n'ont
esté chacun que de trois ou quatre jours. Les
Hospitalieres observent bien la closture, mais
elles n'en font point de vœu, & ne la gardent
que par vne saincte observance, qui est ancienne dans l'Eglise. Les Constitutions de Sainct *chap. 9.*
Louïs veulent bien que les Religieuses ne sor-
tent point seules, ny sans le congé de la Prieure;
mais elles n'obligent point à la closture, non
plus que la Regle de Sainct Augustin. Les nou- *chap. 10.*
velles Constitutions l'ordonnent à la verité, mais
elles en dispensent en plusieurs cas, & nommé-
ment s'il est besoin de changer d'air, ou pour
maladie, ou pour reprendre ses forces.

Madame la Superieure n'a ny sa cuisine, ny
son pot à part, toute la Communauté le sçait ;
elle mange & elle vit comme faisoit Madame
Dampont; elle n'y a rien changé. Depuis plus de
dix-huit ans qu'elle est Prieure, elle n'a fait pot

à part que pendant douze ou quinze jours, &
pour des raisons qu'il n'est pas besoin de dire. Il
en est de mesme des parties du Rotisseur, que le
libelle fait monter pour vne année à huit cens
livres, & cela pour l'ordinaire, & pour les festins de Madame. On a encore toutes les parties, & de toutes les années la plus haute ne va
pas à cinq cens cinquante livres. Si on en oste
ce qui est pour les festins de profession ou de vesture, pour les malades, pour les recreations du
Convent, pour les survenans, Predicateurs, Religieux & autres, à peine trouvera-t-on cinquante francs, pour cét ordinaire, pour ces banquets
si somptueux.

Cette musique, ces Religieuses qui chantent
des airs profanes au clair de la Lune sur vne ter-
rasse, exposée à la veuë de la plus celebre hostel-
lerie de Pontoise; tout cela est vray comme la
dissipation du bien, comme le luxe, les promenades, la bonne chere, le jeu, le pot, la cuisine,
& le Rotisseur.

*Libelle.*

*Elle a vn camail de taffetas, & des deshabillez de
camelot de Hollande, doublez d'houatte, & garnis d'v-
ne confusion de galans.*

Les habits de Madame la Superieure ne sont
ny plus riches, ny d'vne autre estoffe que les habits des autres Religieuses. Ce camail luy sert
d'escharpe quand elle est contrainte de sortir de
la

la Maiſon, & dans la Maiſon elle s'en ſert à cauſe des frequentes fluxions dont elle eſt cruellement travaillée. Feu Monſieur l'Eveſque du Bel-
lay, dont la pieté eſt aſſez connuë, & qui fut pluſieurs années ſon Directeur, n'y a jamais rien
trouvé à dire. Ce deshabillé eſt vne robe de
chambre doublée d'oüatte, que ſes parens luy
ont donnée. Cette confuſion de galans, ce ſont
huit ou dix attaches de ruban à trois ſols l'aune,
pour la fermer par le devant. En douze ou treize ans elle a eu ſix mortelles maladies ; naturel-
lement elle eſt fort infirme : Peut-on envier ce
petit ſecours, qui ne couſte rien à la Maiſon?
Peut-on, dis-je, l'envier à vne perſonne qui en a
tant de beſoin? Sainct Louis dans ſes Conſtitutions, veut que l'Hoſpital ſoit garni de pelices,
d'aumuſſes, de cottes, & de chapperons, pour les
malades. Si la fortune de noſtre Siecle nous a
donné quelque choſe de plus commode que les
fourrures, ſera-ce vn crime de s'en ſervir ? Sera-
ce vn crime à vne Fille que tant de grandes maladies ; que tant de mortels chagrins ont ſi fort
debilitée?

*Elle a des tapiſſeries de haute liſſe, vn lict de drap de* Libelle.
*Hollande, vn emmeublement de ſalle de tapiſſerie à l'eſ-*
*guille, des gueridons, des tablettes à pourcelaine, & la*
*pluſpart des autres galanteries des coquettes du monde.*
*Elle a quantité de vaiſſelle d'argent, juſques à vne baſ-*

*ſinoire, vne coupe, vne ſouſ-coupe: vne cuillier, & vne*
*fourchette de vermeil doré: Il ne luy manque qu'vn ca-*
*denas pour faire en toutes façons la Princeſſe.*

Son lict eſt d'vn ſimple drap d'Alſace; c'eſt vn
eſtoffe à grand marché. Sa tapiſſerie eſt de la
Porte de Paris, à vingt ſols l'aune ; elle eſt infirme, ſa chambre eſt froide & ſur l'eau ; c'eſt la
raiſon qui la luy a fait tapiſſer, apres neantmoins
en avoir eu la permiſſion de ſon Archeveſque.
A la verité il y a dans la Maiſon vne chambre
qui eſt vn peu mieux meublée; mais pour qui eſt
cette chambre ? elle eſt pour Madame la Mareſ-
chale d'Albret ſa ſœur, pour ſes autres ſœurs ou
parentes, qui ont droit ou permiſſion d'entrer
dans le Monaſtere, & qui ont fait cette deſpenſe. La tapiſſerie, qui ne ſert le plus ſouvent qu'à
la decoration de l'Egliſe, eſt de mille francs ou
environ. Le lict & les ſieges ſont d'vn ſimple
drap de Hollande gris, ſans autre ornement. Il y
a deux gueridons de bois de noyer, & peut-eſtre
pour cinquante francs de bagatelles de Nevers,
ou de fauſſes pourcelaines. Toute cette vaiſſelle
d'argent ne conſiſte qu'en vn baſſin & deux eſ-
guieres, vne taſſe, vne ſouſ-coupe, deux petits
plats, qui ſont de feu Madame Dampont, & vne
douzaine ou de cuilliers ou de fourchettes; en vn
ſucrier, vne ſaliere, ſix petits flambeaux, vn coc-
quemart, vn vinaigrier, & vne plaque de cent

francs ou environ. Il y en avoit davantage, mais
le reste s'est employé pour faire vn Soleil où on
expose le Sainct Sacrement. Toute cette argen-
terie n'a rien cousté à l'Hospital, qui pourtant
en profitera. Ce sont au moins la pluspart ; ce
sont, dis-je, des presens que la famille de Madame la Superieure luy a faits à elle ou à ses niepces. A la reserve des cuilliers & des fourchettes ;
on ne s'en sert que pour faire honneur à la Maison, & lors que quelques personnes de qualité y
viennent, ou en retraite ou en visite. La cuillier
& la fourchette de vermeil doré, sont de l'inven-
tion du libelle. Cette bassinoire scandaleuse n'est
que de cuivre, le libelle la fait d'argent. Pleust
à Dieu qu'elle fust d'or, & si les Pauvres n'a-
voient point d'autres plaintes à faire, ils ne se-
roient pas certainement dignes de grande com-
passion. Et du reste, on peut dire de Madame la
Superieure, que le service de sa personne n'a jamais troublé ny embarassé le service des malades. Ses devancieres avoient autour d'elles vne
Sœur Converse, & vne Religieuse du Chœur, il
est de notorieté dans la Maison, qu'elle se passe
de la premiere, & la laisse presque tousjours aupres des Pauvres, tandis que le plus souvent elle
fait elle-mesme sa chambre & son lict ; & voilà
cette Cocquette, cette Princesse, dont le libelle
fait vne peinture si triomphante.

N ij

Libelle.

*Pour payer ces honteuses despenses, elle ne fait point de scrupule de commettre vn sacrilege, en contraignant les Depositaires d'employer dans leurs comptes de la toile & des cierges, qui n'ont jamais esté livrez à la Communauté.*

Voicy vne calomnie bien concertée. Ces deux sainctes Depositaires à qui on fait ces criminelles violences, c'est Sœur Marie Langlois de la Presentation, c'est Sœur Charlotte Petitpied de la Trinité ; elles n'ont donc l'vne & l'autre jamais obeï à leur Prieure que pour commettre avec elle vn horrible sacrilege. Qui le croira, que des Filles qui luy resistent tous les jours, & avec tant d'insolence ; qui luy resistent en plein Chapitre, en pleine Eglise, à la veuë de tout vn peuple, à la face des Autels, à la face du Dieu jaloux : Ces mesmes Filles se laissent contraindre, soient si resignées qu'elles veuïllent bien perdre mesme leur salut par obeïssance ? Madame de Guenegaud a de bons certificats, qui justifient que cette toile & cette cire, qui faisoient partie de la dote de Sœur Isabelle de Ste Placide, sa niepce, ont esté livrées. Elle ne peut mesme se persuader que ces deux malignes Depositaires osent nier cette verité. Mais vne Fille qui depuis dix-huit à vingt ans laisse aux Pauvres sa pension, dont elle pourroit jouïr, & aussi legitimement que les autres Religieuses, qui jouïssent toutes des leurs. Vne Fille qui ne travaille depuis plus de dix-huit ans qu'à enrichir sa Maison, qui en a mesme augmenté le revenu de sept ou huit mille livres de rente. L'accuser icy tout ouvertement de larcin, & d'vn infame larcin, c'est certainement vne calomnie bien extravagante.

Voicy encore vn autre crime. *C'est la profana-* Libelle, *tion du Temple, & de la demeure du Tres-haut, où l'on a fait entrer des gens à cheval, pour donner à la Prieure & à celles de son party* (ailleurs on dit qui sont dans ses plaisirs) *le divertissement des trompettes & des timballes, & elle parut à la Grille avec sa hoüate, & vne cornette jaune.*

L'agreable divertissement que ce tintamarre dans vne Eglise! Au mois d'Aoust dernier, le Timballier de la Compagnie de Monseigneur le Dauphin, qui apparemment avoit desjeuné, entre à cheval, & fait deux ou trois pas dans l'Eglise, bat cinq ou six fois la tymballe, & sort presque aussitost qu'il est entré. Madame la Superieure, qui est dans sa solitude, & peut-estre dans son Oratoire, quelle part peut-elle avoir à toute cette irreverence, à toute cette profanation, si on veut l'appeller ainsi? Ce fut sans doute vne extravagante saillie. Mais si le libelle la juge digne de punition, qu'il s'en prenne à qui il luy plaira, & non pas à vne Fille qui n'a pû ny empescher ce desordre ny le chastier. Mais n'est-ce pas vne jolie decoration au mois d'Aouft, qu'vne robe de chambre de camelot de Hollande doublée d'hoüatte ? La cornette jaune pouvoit veritablement eftre de faifon ; mais ce qu'il y a de fafcheux, c'eft que depuis que Madame la Superieure eft entrée dans l'Hofpital, elle n'en a jamais portée que de chanvre crud.

*Ce font les vifites à heures induës, & par des portes furtives de ceux qui n'ont droit d'en faire que de jour, & de canoniques : ce font leurs fcandaleufes forties au temps d'vne nuict fi avancée, qu'alors les Officiers font armez pour arrefter ceux qui marchent fans aveu.* Et en fuite on menace de donner les derniers traits à ce tableau en ces termes. *Mais fi ceux que l'on efpargne par refpect de leur charactere, ne fe mefnagent autrement qu'ils ont fait par le paßé, qu'ils fçachent que* IESVS CHRIST *a encore des Miniftres, dont le cœur eft brûlant du feu divin, du zele de l'honneur de fa Maifon, qui ne s'efbranlent point par le pouvoir.* Et le refte.

Vifites à heures induës, portes furtives, forties de nuit, la Iuftice armée, des gens fans aveu ; il n'y a rien là qui ne faffe peur. Mais il faut eftre bien effronté pour charger de ces infamies vne Fille confacrée à Dieu, pour en charger vn grand Archevefque, grand par fa naiffance, par fon charactere, par fa vertu, & ne rapporter pour toute preuve de tant d'ordures, que l'impudence de les efcrire. C'eft en cét endroit que le libelle, que les Revoltées ont refpandu tout le poifon de leur haine. Voicy enfin ce myftere qu'on cachoit avec tant de foin au Pere Meige. Lifez fon proces [a] verbal, vous verrez là & icy les mefmes extravagances, les mefmes menaces, le mefme orgueil. On ne veut ny Superieur ny Superieure; on fe contente de cét invifible Chef, qui ne peut eftre que le Pere du menfonge. Difons tout, on veut fe venger de la fignature du formulaire; fe venger de ces fatales affemblées, où le Prelat qu'on defchire, qu'on menace, a prefidé avec tant de gloire: c'eft la fource malheureufe de tant de damnables calomnies. Mais en vain cette fureur, en vain toute cette rage. *La Iuftice veille fur les voyes de l'innocent* [b], dit la Parole eternelle, il n'y a rien dont la verité ne triomphe; & ces vapeurs noires forties du fond de l'abyfme, ne fçauroient ny obfcurcir, ny efteindre fa lumiere. Mais ce Feu divin, dont le libelle eft tout bruflant, ne fait-il pas envie de rire? Bon Dieu, quel Prophete? Quoy fouler aux piez l'Oingt du Seigneur, fouler aux piez l'Efpoufe faincte de IESVS CHRIST, les deshonorer, les couvrir de confufion & d'opprobre; Eft-ce là ce zele, ce feu defcendu du Ciel?

*Elle a ruïné la plufpart des lieux reguliers, & de ceux baftis pour la commodité des Pauvres malades, elle a fait des logemens de fuite à la moderne, dont les che-*

[a] Voyez p. 28. cy-deffus.

[b] Iuftitia cuftodit innocentis viam. Prover. cap 13. n. 6.

Libelle.

minées ont tous les ornemens que la vanité du Siecle a depuis peu inventez. Elle a fait abbatre le Chapitre, l'Infirmerie, & quinze chambres du Dortoir, pour faire ſes Parlouërs, ſa Chapelle particuliere, & la chambre d'attente pour les ſeculiers de ſa connoiſſance. Et le reſte. Ses Armes ſont preſque en tous les lieux nouvellement baſtis ou reparez, comme à toute la vaiſſelle du Convent, qu'on a changée exprés pour y mettre ces extravagantes marques de ſa vanité. Pour rendre ſes appartemens plus agreables, ils ſont tous du coſté de l'eau; & l'on peut dire ſans exageration, qu'elle occupe elle ſeule preſque autant de lieu que tous les malades & les autres Religieuſes enſemble. Les Hoſpitalieres n'ont plus qu'vn grenier, dans lequel elles ſont contraintes de mettre peſle-meſle le linge ſale, le linge blanc, & les couvertures, les licts, & le reſte.

Les Armes de Madame la Superieure ne ſont qu'en vn ſeul endroit dans tout le Convent, encore y ſont-elles ſans ſon ordre. Ce furent les Anciennes qui les firent mettre aux ouvrages de la menuiſerie du Chœur, & ce ne fut que par complaiſance qu'elle le ſouffrit. Les Armes de ſes devancieres ſe voyent en beaucoup de lieux; elle auroit pû auſſi-bien qu'elles les mettre preſque par tout; parce qu'en effet elle a preſque tout rebaſti, ou tout reparé. Les Sœurs de S^te Placide, & de S^t Iean, ſes niepces, ont donné deux tres-riches paremens d'Autel, ils ſont

l'vn

l'vn & l'autre fans armes. Elle a fait faire beaucoup de vaiffelle d'eftain , & quelques cuilliers
d'argent: Monfieur du Pleffis, fon frere, a fait
toute la dépenfe des orgues. A ces cuilliers, à cette vaiffelle , aux orgues , elle a fait mettre par
tout, en memoire de fa bienfactrice, les Armes de
feu Madame Dampont. Iamais Fille ne fut moins
touchée de ces folles vanitez , & le libelle fait
bien voir icy, & dans toute fa diffamation, qu'il
ne fe foucie ny du vray, ny du vray-femblable.

Ce logement, ces appartemens fi fpacieux,
ont dix pieds de plus qu'ils n'avoient de toute
antiquité , & font fur l'eau , au mefme lieu où
Sainct Louïs les a placez.  Si Madame la Superieure a fait abbattre l'Infirmerie , le Chapitre,
quelques chambres du Dortoir , & autres lieux,
ce n'a efté que pour en faire baftir d'autres plus
commodes & en meilleur air.  Ce grenier où le
linge blanc & le linge fale font pefle-mefle , où
tout le refte eft en fi grande confufion , eftoit
autrefois de vingt-quatre pieds fur douze , il eft
maintenant de cinquante-huit fur vingt-deux à
vingt-trois. Ces cheminées, ces fecrets paffages,
ces moulures, ces lambris, ces quadres, ces baf-
fes tailles, & ces tableaux curieux, toutes ces grotefques font forties d'vne mefme main. Mais ces
grotefques font fi ridicules, qu'elles ne meritent
pas qu'on s'y arrefte.  Et Meffieurs les Commif-

faires qui ont veû toutes ces choſes , jugeront
s'il y eut jamais vne calomnie plus impudente,
ou plus groſſiere.

Mais eſcoutons-le parler de l'eſtabliſſement de
l'Hoſtel-Dieu. *Cét incomparable Prince ſe propoſa de*
*laiſſer dans le territoire de Pontoiſe deux rares monu-*
*mens de ſa pieté. Le premier , fut la fondation de l'Ab-*
*baye de Maubuiſſon. Le ſecond , fut l'eſtabliſſement de*
*l'Hoſpital , il en confia le ſoin à douze Preſtres; & pour*
*le ſervice des Pauvres & l'aſſiſtance des Bourgeois de la*
*Ville dans leurs maladies , il inſtitua douze ſervantes en*
*corps de Communauté.*

Hors que ce Prince incomparable eſt le Fondateur de l'Hoſpital, en tout le reſte il n'y a pas
vn ſeul mot de vray. Ce n'eſt point luy, c'eſt ſa
Mere, la Reine Blanche, qui a fondé l'Abbaye
de Maubuiſſon , où elle eſt meſme enterrée. Il
n'inſtitua que ſept Freres, cinq Clercs, & entre
eux trois Preſtres, & deux Lays, ou Freres Con-
vers. Il ne parle que des Pauvres en general, &
ne dit rien des Bourgeois ny des Malades de
Pontoiſe en particulier. Il inſtitua treize Sœurs,
ou Religieuſes , & non pas douze Servantes. Voilà de quelle maniere le libelle & la verité ſont
enſemble.

*C'eſt le deſſein que la Prieure a formé , & qu'elle a*
*executé, de s'approprier le bien de l'Hoſpital , en aboliſ-*
*ſant par vne entrepriſe ſur le Sanctuaire , la couſtume*

*(Notes marginales:)*

*Libelle.*

*B. lle-Foreſt en la*
*vie de S. Louis, au*
*chap. de ſes Fon-*
*dations.*

*Libelle p. 7. 10.*
*& 11.*

d'en compter pardevant les *Administrateurs*, & pardevant les *Meres Discrettes*. On void par plusieurs titres
authentiques, que le bien de l'Hostel-Dieu a esté long-
temps gouverné à l'instar de celuy de *Paris*, par des *Administrateurs*, qui estoient de bons & de notables *Bourgeois* de *Pontoise* gagez pour cét effet, comme il resulte
de plusieurs comptes du domaine, dans lesquels il est employé la somme de deux cens livres par an pour lesdits
*Administrateurs*. Et on conclud enfin, à ce qu'il soit
ordonné, que doresnavant l'Hostel-Dieu, conformément
à ses *Statuts*, & à l'ancien vsage, sera gouverné & ad-
ministré à l'instar de celuy de *Paris*.

Nous voicy enfin à nos bons Amis. Ie ne dis
point que ce meslange des Meres Discrettes a-
vec ces notables, ces bons Bourgeois de Pontoise, est vne chose fort reguliere. Mais cette coustume abolie *par vne entreprise sur le Sanctuaire*, où
est-elle ? où est cét vsage ? où sont ces Statuts?
Les Constitutions de Sainct Louis, les nouvelles
Constitutions, la Bible Saincte des Seditieuses,
parlent-elles d'Administrateurs ? Non, elles n'en
disent pas vn seul mot. Madame Dampont, les
Prieures qui l'ont precedée, ont-elles compté devant des Administrateurs ? Iamais. Cependant
sur cette coustume, sur cét vsage, sur ces Statuts
chimeriques, le libelle prend hardiment ses con-
clusions.

Mais pour eſclaircir ce poinct, je diray icy que Madame de Guenegaud n'a jamais touché à l'argent de la Maiſon. La Depoſitaire fait toute ſeule, & la recepte & la deſpenſe : Il n'y a auſſi qu'elle ſeule qui en ſoit comptable. C'eſt l'ordre qu'on garde, & qui s'eſt tousjours gardé dans le Monaſtere. Il n'y a point de memoire qu'on en ait vſé autrement ; & les nouvelles Conſtitutions n'ont fait autre choſe à cét eſgard, que rediger par eſcrit vne pratique à peu pres auſſi ancienne que l'eſtabliſſement de l'Hoſpital.

Venons maintenant à ces Adminiſtrateurs de Pontoiſe, que le libelle & les Revoltées ont ſi fort à cœur. Peut-on rien imaginer de plus abſurde que ce deſſein ? Pour introduire ce nouveau gouvernement, il faut commencer par abolir la fondation [a] de Sainct Louïs, qui met *entre les mains de la Prieure toute l'adminiſtration du temporel.* Mais pour l'abolir, pour faire, s'il faut ainſi dire, cét outrage à la memoire d'vn grand Roy, à qui eſt-ce qu'on s'adreſſe ? Eſt-ce à quelqu'vn des deſcendans de ces Princes Infideles, qu'autrefois il alla combattre aux extremitez du Mon-

[a] *Cap.* 12. *La Prieure aura toute la cure & l'adminiſtration des choſes temporelles dedans & dehors. A la Prieure appartiendra deſpenſer dedans & dehors les biens de la Maiſon.*

de? Quel aveuglement ! au Successeur de Sainct
Louïs, à son Sang, à l'Heritier de sa Couronne,
& de sa Vertu. Oser luy faire vne proposition si
injurieuse à la France, à la Royauté, quelle audace! quelle fureur!

Il y a cent ans & davantage, que Mesdames
Riole & de Palaiseau Harville, disputerent & assez long-temps entre-elles le titre du Prieuré de
l'Hostel-Dieu de Pontoise. Pendant le litige,
quelques habitans de la Ville, sous pretexte de
l'Ordonnance [a] de Charles I X. s'emparerent
sans resistance de l'administration de l'Hospital.
Ce gouvernement malheureux ne dura que sept
ans ou environ. Ie l'appelle malheureux, parce
qu'en effet pour peu qu'il eust encore duré, il
n'y auroit aujourd'huy dans cette saincte Retraite ny malades, ny Religieuses. Ces hommes
n'estoient là, ce semble, que pour saccager le
bien des Pauvres. Ils s'estoient rendus comme
maistres de la Maison. Quand Madame de Palaiseau fut paisible, ces Messieurs ne voulurent
point quitter leur proye, il fallut plaider. Mais
il fut jugé suivant la disposition du Concile [b],
que l'Ordonnance ne regardoit ny les Maisons
des Ordres Hospitaliers, ny les Hospitaux, qui
par leur fondation sont annexes à vn Monastere.

Ils en furent donc depossedez, ou plustost chas-



a *Art. 1. l'Ordonn. est du mois d'Avril 1561.*

b *Concile de Vienne. Clement. Quia contingit. paragr. vt autem. & paragr. Præmissa. de Religiosis domib.*

sez par Arrest. Ils y laisserent pourtant d'eter-
nelles marques de leur pieté. Il ne faut que lire
le proces verbal[a] de visite de Monsieur Boucher,
President du Grand Conseil. On y verra vne de-
solation qui fait peur ; il pleuvoit & dans le Cloi-
stre & sur les licts des malades ; la Chapelle Prio-
rale estoit en ruïne, & faute de couverture toute la charpente estoit pourrie ; le linge, les couvertures, tout tomboit par pieces. Le reste de la
Maison, & les bastimens de la campagne, n'e-
stoient pas en meilleur ordre. Estables, granges,
bergeries, tout fondoit. Il n'y avoit dans le Convent que deux Prestres, on ne leur donnoit à
chacun que deux sols par jour ; c'est peu de chose, mais ce peu de chose ne se payoit point. Le
proces verbal est chargé de la plainte qu'ils en
firent. Enfin tout estoit si bien ordonné, qu'il
fallut à vne heure apres midy aller chercher le
disné de Monsieur le Commissaire & de sa suite,
chez les Patissiers, & dans tous les cabarets de la
Ville. Pierre le Boucher, qui fit la recepte pendant cette saincte administration, s'en acquitta
si dignement, que Dieu benit son petit travail.
C'estoit vn assez chetif Chandelier, & mal mesme en ses affaires : Il quitta bien-tost, & son suif
& sa chandelle, pour se faire vn gros Marchand
de velours. Et cependant il se trouve par son
compte, que l'Hospital luy est redevable de huit

cens livres. En ce temps-là c'eſtoit beaucoup. Il eſt aiſé de juger que les Adminiſtrateurs faiſoient leur devoir avec la meſme fidelité que ce nouveau Marchand de velours, & que parmi tout ce brigandage on prenoit vn fort grand ſoin des malades. Vn Siecle entier, le zele de Madame de Guenegaud, la fortune, la pieté de ſes freres, & de toute ſa famille, ont à peine pû reſtablir tout le degaſt de tant de mains ſi avares. Voilà ces tuteurs, voilà ces hommes que le libelle canoniſe, & dont la memoire eſt ſi pretieuſe aux Revoltées.

Mais parmi tous ces deſordres, rien ne fut ſi pernicieux que la diſſipation des papiers. Ce peu qui reſte d'enſeignemens, d'inſtructions & de chartes anciennes, ne s'eſt ſauvé du pillage que par miracle. Ne vous en eſtonnez pas, pour s'enrichir des deſpoüilles d'vne Communauté, il faut commencer, s'il eſt poſſible, par mettre au feu tous les titres. C'eſt vne playe comme mortelle que le temps, que la fortune ne peut guerir, & dont les Pauvres ſe ſentiront à jamais. Si la pluſpart de leurs plus beaux droits ſont aneantis; ſi leur bien, ſi preſque tout leur patrimoine eſt en des mains eſtrangeres; s'ils n'ont pû, s'ils ne peuvent encore aujourd'huy ſe deffendre de tant d'vſurpations ſacrileges; cette impuiſſance, toutes ces pertes, ſont des fruits de ſept années d'vn gouvernement si funeste. Laissez faire le libelle, laissez faire les Revoltées, ce beau Siecle reviendra bien-tost. *Messieurs les Cossarts* leurs bons Amis, pour recompense de tant de services si agreables, feront bien-tost les Directeurs & les Maistres de la Maison. Cét Advocat du Roy, qui paye si bien ses dettes, sera quitte dans vn moment, & des arrerages & du principal de sa rente. Tous les proces dans peu de temps feront terminez. Et ces nouveaux Administrateurs, ces fideles œconomes, acheveront en nos jours ce grand œuvre que leurs Peres avoient autrefois si bien commencé.

Donc pour finir, il ne fut jamais ny vn dessein plus extravagant, ny vne diffamation plus impudente. *L'esprit d'orgueil est assis dans la chaire de pestilence,* dit le Sage. Mais icy il ne faut presque que des yeux pour convaincre la calomnie. Qu'on entre dans l'Hospital, qu'on entre dans les Dortoirs, dans les Salles, dans l'Eglise, on verra par tout d'immortelles marques de la vertu que nous deffendons. Cette Maison si desolée il y a vingt ans, a recouvré toute sa splendeur, toute sa gloire. Iamais les Pauvres ne furent ny ne feront mieux servis. La famine, les inondations, les sterilitez, n'ont rien retranché de leurs besoins. Au milieu de l'orage, de la guerre, ils ont joüi de tout le calme d'vne heureuse paix.

La

Vbi fuerit superbia ibi erit & contumelia. *Proverb. cap.* 14. *n.* 3.

La prevoyance de Madame de Guenegaud, son œconomie, les charitez de ses freres, de ses parens, ont operé toutes ces merveilles, & desarmé, si je l'ose dire, en faveur des affligez, ces grands fleaux de la Nature. Si l'Envie, si la Haine trouble toute la prosperité de ses jours, il n'y a rien qu'elle n'ait tenté pour apprivoiser ces monstres. Elle a cherché, elle a demandé la Paix, elle l'a demandée à genoux, rien n'a pû ny vaincre, ny amollir ces cœurs de bronze. Ce n'est que mensonge, qu'iniquité, que venin d'Aspic sur leurs levres. Elles ont brisé toutes les barrieres, & rompu toutes les digues. L'Eternel leur parle en vain par la bouche de leur Archevesque; par la bouche saincte de leur Fondateur & de leur Patron; elles n'escoutent ny sa parole, ny ses menaces. La honte, l'ignominie de tant de scandales; la terreur des anathemes; la verge qui a frappé Sœur Anne de S<sup>te</sup> Therese, n'a pû encore les emouvoir, ny leur faire horreur de cét abysme si affreux, où la rage de l'amour propre les a miserablement precipitées.

Qui sera-ce qui calmera toutes ces tempestes? Quel Astre dissipera l'ombre d'vne nuit si noire? Grand Roy, dont le nom remplit aujourd'huy toute la Terre; ce miracle sera sans doute l'ouvrage de vos mains sacrées. Le Ciel qui jusques icy

s'est monstré sourd à tant de prieres, à tant de
soûpirs, a voulu tout visiblement vous reserver
cette gloire. La consolation des Pauvres, la retraite des Affligez, ce beau monument de la Pieté du plus Illustre de tous vos Ancestres, est prest
à tomber. Le despit & la fureur sont attachez à
ses fondemens, & n'espargnent rien pour le dé-
truire, pour le renverser. Vne Fille saincte, qui
resiste, qui combat il y a tantost vingt ans, suc-
combe enfin sous le faix. Vostre Majesté void les
outrages, les indignitez qu'elle souffre. Bienheureux Sang du Bienheureux St Loüis, il est temps
de deslivrer, & la Maison & l'Espouse de IESVS
CHRIST. Les batailles, les prises de Places,
les Peuples vaincus, & tout ce qu'vn avenir glorieux vous prepare de triomphes, se verra dans
les Annales des Nations ; mais cecy sera gravé
dans le livre des vivans, dans le livre de l'A-
gneau sans tache. La Fortune & la Valeur peuvent bien rendre vn Prince admirable aux yeux
du monde : I'ose pourtant dire que pour vn
Prince Chrestien c'est peu de chose que le bruit
du monde. Il faut penser à vne autre immorta-
lité, & marcher dans le chemin de l'Autheur
auguste de vostre Race, si vous voulez comme
luy estre grand, & devant Dieu, & devant les
hommes.

F I N.

www.ingramcontent.com/pod-product-compliance
Lightning Source LLC
LaVergne TN
LVHW020707200726
843508LV00002B/915